贵州省社会科学院哲学社会科学创新工程学学术精品出版项目

贵州省社会科学院智库系列 · 院省合作委托重大课题

大数据与实体经济深度融合研究

贵州省社会科学院 / 编
李 平 吴大华 等 / 著

经济管理出版社
ECONOMY & MANAGEMENT PUBLISHING HOUSE

图书在版编目（CIP）数据

大数据与实体经济深度融合研究/李平等著. —北京：经济管理出版社，2020.11
ISBN 978-7-5096-7658-5

Ⅰ. ①大…　Ⅱ. ①李…　Ⅲ. ①数据处理—应用—地方经济—研究—贵州　Ⅳ. ①F127.73

中国版本图书馆 CIP 数据核字（2020）第 236960 号

组稿编辑：杨国强
责任编辑：赵天宇
责任印制：黄章平
责任校对：谢晓红

出版发行：经济管理出版社
（北京市海淀区北蜂窝 8 号中雅大厦 A 座 11 层　100038）
网　　址：www. E-mp. com. cn
电　　话：（010）51915602
印　　刷：唐山昊达印刷有限公司
经　　销：新华书店
开　　本：720mm × 1000mm/16
印　　张：14
字　　数：178 千字
版　　次：2020 年 12 月第 1 版　　2020 年 12 月第 1 次印刷
书　　号：ISBN 978-7-5096-7658-5
定　　价：88.00 元

编辑委员会

贵州省社会科学院甲秀文库出版说明

近年来，贵州省社会科学院坚持“出学术精品、创知名智库”的高质量发展理念，资助出版了一批高质量的学术著作，在院内外产生了良好反响，提高了贵州省社会科学院的知名度和美誉度。经过几年的探索，现着力打造“甲秀文库”和“博士/博士后文库”两大品牌。

甲秀文库，得名于坐落在贵州省社会科学院旁的甲秀楼——一座取“科甲挺秀”之意的明代建筑。该文库主要收录院内科研工作者和战略合作单位的高质量成果，以及院举办的高端会议论文集等，分为创新工程系列、高端智库系列、院省合作系列等。每年根据成果质量、数量和经费情况，全额资助若干种著作出版。

在中国共产党成立100周年之际，我们定下这样的目标：再用10年左右的时间，将甲秀文库打造成为在省内外、在全国社科院系统具有较大知名度的学术品牌。

贵州省社会科学院

2020年12月

《贵州省人民政府与中国社会科学院战略合作框架协议》
2018 年度课题之一：

《大数据与实体经济深度融合研究》课题组名单

课题组组长：

李　平（中国社科院数技经所所长、研究员）

课题组副组长：

吴大华（贵州省社会科学院党委书记、研究员）

课题组成员：

姜奇平（中国社科院数技经所信息化与网络经济室主任，研究员）
蔡跃洲（中国社科院数技经所数量经济理论方法室主任，研究员）
娄　峰（中国社科院数技经所经济系统分析室主任，研究员）
韩胜军（中国社科院数技经所科研处处长、联络人）
叶秀敏（中国社科院数技经所信息化与网络经济室副研究员）
左鹏飞（中国社科院数技经所信息化与网络经济室助理研究员）
程　远（中国社科院数技经所经济系统分析室助理研究员）
马晔风（中国社科院数技经所数量经济理论方法室助理研究员）
王　恺（中国社科院数技经所博士后）

前　言

当前，以大数据、人工智能、云计算、区块链等为代表的新一代信息技术日新月异，给各国的经济发展、社会治理、国家管理、人民生活带来重大而深远的影响。党的十八届五中全会正式提出要实施国家大数据战略，十九大报告明确提出“要推动互联网、大数据、人工智能和实体经济深度融合”，党的十九届四中全会首次将数据纳入要素范围。无论是加快我国现代化经济体系建设，还是推进国家治理体系和治理能力现代化，都离不开大数据产业的发展支撑。习近平总书记指出，“大数据发展日新月异，我们应该审时度势、精心谋划、超前布局、力争主动，深入了解大数据发展现状和趋势及其对经济社会发展的影响，分析我国大数据发展取得的成绩和存在的问题，推动实施国家大数据战略，加快完善数字基础设施，推进数据资源整合和开放共享，保障数据安全，加快建设数字中国，更好服务我国经济社会发展和人民生活改善。”近年来，我国大数据生态环境持续向好、产业链条日趋完备，大数据产业保持良好发展态势。真正把大数据机遇转化为发展红利，需要实现大数据在实体经济各领域的全面应用。

大数据与实体经济深度融合之于当下中国发展的意义，在于促进数据要素有效参与价值创造和分配，在于推动生产模式由粗放向精细、从制造向创造的转型升级，在于提高科技创新能力、释放社会潜在生产力。加快推进大数据与实体经济深度融合，是推动数字经济健康发展、激发实体经济发展动能、助力我国经济由高速增长迈向高质量发展的重要抓手。近年来，我国大数据与实体经济融合发展总体水平有明显提升，融合环境日渐优化，融合平台不断拓展，融合领域不断深化，融合效益逐步提升，新产业、新业态、新模式不断被催生。与此同时，也存在融合深度广度有待加强、融合基础设施建设有待提高、融合政策支撑有待优化、融合质量有待提高等问题。在这一背景下，深入了解大数据与实体经济融合现状和趋势及其对经济社会发展的影响，总结我国大数据与实体经济深度融合所取得的成绩、剖析融合进程中存在的问题，对于进一步推动实施国家大数据发展战略、加快数字中国建设、促进经济高质量发展具有重要的理论意义和实践价值。

根据中国社会科学院与贵州省人民政府院省战略合作重大委托课题要求，《大数据与实体经济深度融合研究》课题由中国社会科学院数量经济与技术经济研究所（以下简称数技经所）承担。数技经所成立了以所长李平研究员为组长的课题组，充分调动所内科研力量与贵州省社会科学院展开紧密合作，通过对贵州省大数据与实体经济深度融合实际情况的实地调研、座谈交流、专家咨询、征求意见等方式，收集整合相关研究资料，经过系统分析,形成了课题研究报告及若干政策建议报告。在课题评审阶段，本研究报告得到了多位业内资深评审专家的高度评价。数技经所课题组根据评审意见修改形成了最终研究报告，并将最终研究成果以图书形式公开出版。需要指出的是，在本项目研究开展以前，在国内大数据应用和研究还处于初步发展阶段，数技经所就开始对有关领域进行了跟踪研究，并有意识地将相关研究和项目与本所承担的学科建设工作结合起来，探索大数据时代下的本所相关学科的学科发展理念定位、理论框架构建、研究方法及手段拓展等，并将相关科研成果发表和出版，这些积淀为本课题的顺利完成奠定了基础。

本书理论联系实际，立足于贵州省的大数据与实体经济融合实践，充分结合我国大数据与实体经济深度融合的发展现状与趋势，既有理论分析,也有案例介绍，同时也介绍了美国、德国、日本、英国等发达国家发展经验。全书主要涵盖了九方面研究内容：一是贵州大数据与实体经济深度融合需要实现五大转变；二是贵州省概况与大数据产业发展现状；三是大数据与实体经济深度融合的理论蕴含；四是大数据产业生态及创新模式；五是大数据与实体经济深度融合的机制、模式与路径；六是基于投入产出表的大数据产业对贵州经济发展的影响分析；七是大数据与实体经济深度融合的国际经验；八是大数据与实体经济深度融合典型案例分析；九是贵州省大数据与实体经济深度融合政策建议。本书全景式勾画了我国大数据与实体经济深度融合的发展态势，以期能为政府相关部门和相关产业决策提供有价值的参考。

中国社会科学院科研局、贵州省社会科学院、以及贵州省相关机构对本课题组开展大数据与实体经济深度融合调研座谈工作给予了大力支持和积极配合。同时，本课题还得到了中国社会科学院学科建设“登峰战略”资助计划优势学科“技术经济学”项目的资助。中国社会科学评价研究院院长荆林波研究员、中国科学院大学网络经济与知识管理研究中心主任吕本富教授、腾讯研究院首席经济学顾问吴绪亮博士等专家对本书提出了很好的建议，在此一并表示感谢。由于时间有限，纰漏之处在所难免，敬请读者斧正。

中国社会科学院数量经济与技术经济研究所所长

李 平

2020 年 6 月

目 录

第一章

贵州大数据与实体经济深度融合需要实现五大转变

在新的时代条件下，贵州在推进大数据与实体经济深度融合过程中需要实现五大转变：一是实现从投资驱动到创新驱动的转变。从传统投入为主导的发展模式到以质量为主线的发展模式，只有以新的变革推动贵州产业转型，才能实现高质量的增长。二是实现从环境势能到发展势能的转变。贵州应一手抓产业发展，一手抓科研创新，“塑形”与“铸魂”并重，推动贵州大数据的环境势能转变为大数据的产业优势、科研优势和经济优势。三是实现从先行优势到竞争优势的转变。贵州目前在大数据领域拥有先行优势，应把先行优势巩固成为大数据领域绝对的领先优势，并推动先行优势转化为先行之利、成本优势和品牌优势。四是实现从政府主导到市场经济下的新型举省体制的转变。即举贵州全省之力，集中优势资源打造大数据产业发展基础，强势推动建立以大数据企业为主体，高校和科研院所相互协作的共赢平台，注重通过市场机制来打通大数据与经济的连接通道，积极探索科技成果、金融资源与实体经济有效协同的新模式。五是实现从候鸟企业到榕树企业的转变。针对候鸟企业现象，贵州应坚持不懈地营造适宜企业发展的大好环境，增强企业对地区的归属感、责任感和使命感，逐步推进容易迁走的候鸟企业向落地生根的榕树企业转变。

第一节 实现从投资驱动到创新驱动的转变

从 2003 年开始到 2017 年，贵州 GDP 连续 15 年保持两位数的增长。2011 年以后，贵州经济更是取得了突破性的增长。2011 年是贵州经济发展的分水岭，在此之前贵州经济的增速只是略高于全国。从图 1-1 可以明显看出，2011 年全国经济开始下行，增速只有 9.5%，而贵州依旧维持高增长，增速达 15%，高出全国 5.5 个百分点。从 2011 年到 2017 年，贵州经济增速连续 7 年位居全国前三，一直领先全国 4 个百分点左右。2018 年第一季度，贵州全省的 GDP 达到了 2904.79 亿元，同比增长达 10.1%，增速位居全国第一，再一次领跑全国省域经济。

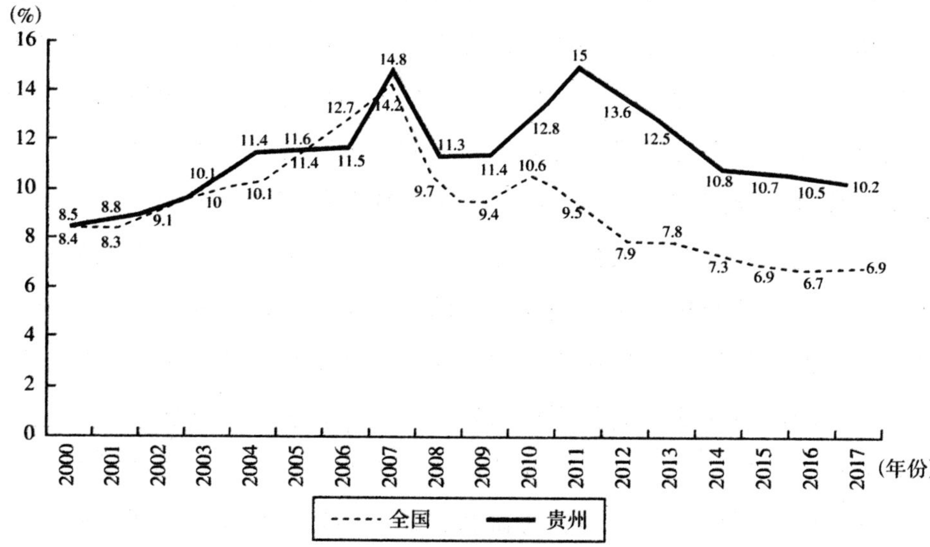

图 1-1 2000~2017 年全国和贵州 GDP 增速

在中国经济的转型再平衡时期，贵州经济之所以能取得突破性增长，主要得益于固定资产投资。从图 1-2 可知，2011~2017 年，贵州固定资产投资年均额约为 9200 亿元，年均增速约为 27.4%，处于全国前列，而在此期间，全国年均增速约为 14.7%，贵州领先全国 12 个百分点左右。贵州由于本身经济发展相对滞后，加之地质地貌复杂，需要大量资金用于基础设施建设，因此，基础设施建设占据了固定资产投资额的一大部分。贵州通过实施高速公路、铁路、水电等基础设施建设，一方面有力推动了地区经济的高速增长，另一方面也逐步破解了长期制约贵州经济社会发展的交通、水利等瓶颈。以交通基础设施为例，据《21 世纪经济报道》统计，贵州省从 2013 年到 2020 年，在交通基础设施建设领域投入资金将接近 1 万亿元。在“十二五”期间，贵州已基本实现县县通高速，高铁可以快速到达珠三角和长三角地区。交通基础设施的突飞猛进有力带动贵州经济持续增长、提高生产要素流通效率、推动区域协调联动发展，为贵州创造了良好的发展预期。

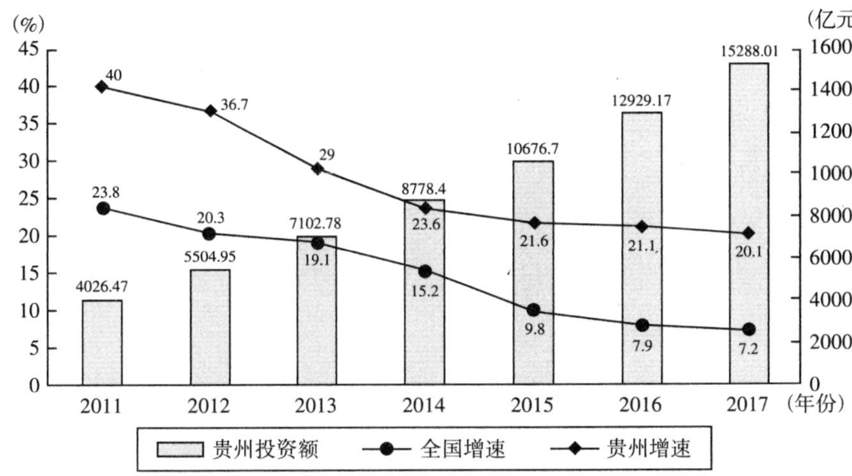

图 1-2　2011~2017 年全国和贵州固定资产投资情况

当前，贵州经济增长的主要动力仍然是投资驱动。图 1-3 展示了 2011~2017 年贵州省 GDP 与固定资产投资，2015 年之前固定资产小于 GDP，2015 年开始贵州固定资产投资额超过 GDP，贵州固定资产投资与 GDP 之比逐渐增大，且远高于全国水平。从资金流向来看，贵州固定资产投资主要流向基础设施建设领域。以 2017 年为例，贵州的基础设施投资为 6757.29 亿元，增长 25.5%；而工业固定资产投资增长只有 5.2%，房地产仅为 2.4%。基础设施建设是贵州发展的基础性工程。近年来，贵州基础设施领域的大量投入，既增补了贵州发展的基建短板，增强了经济发展的硬件保障，推进了城乡基础设施改善，提高了资源要素配置效率，为贵州经济平稳较快发展提供了重要的基础支撑，又极大地提升了贵州对外开放活跃程度和投资开发吸引力，吸引了一大批国内外优强企业相继落户贵州，尤其是吸引了一大批大数据科技类企业选择在贵州发展，有力增强了贵州经济发展的动力和活力，为贵州释放创新发展动能奠定了良好的基础。

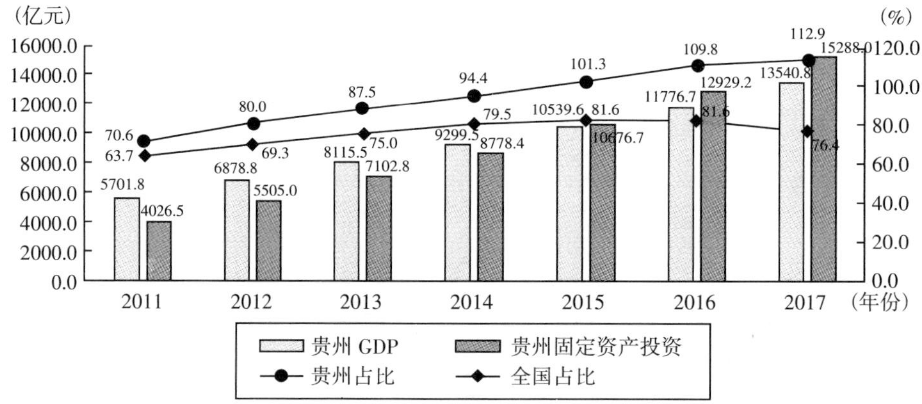

图 1-3　2011~2017 年贵州省 GDP 和固定资产投资

根据迈克尔·波特的国家竞争优势理论，经济发展包括要素导向、投资导向、创新导向和富裕导向四个阶段。现阶段，我国经济发展进入新常态，处于从要素导向、投资导向转向创新导向的过渡阶段。在过渡阶段，粗放型的经济增长方式逐步走向尽头，传统的经济发展动能相继弱化，必须由要素驱动、投资驱动转向创新驱动，依靠创新驱动，形成全新发展动能、铸造经济发展新优势、培育经济增长新的发力点，实现经济发展质量和效益的全面提升。根据发展经济学研究成果，后发优势具有递减性，借助后发优势所获得的利益必然受到边际收益递减规律的制约，即后发地区在发展上逐渐接近先发地区时，其凭借后发优势取得的发展成果将会“边际递减”，因而在追赶末期总会与先发地区存在“均衡技术差距”。只有紧抓新一轮技术革命和产业变革的契机，在关键性领域有所作为，才能将后发优势转化为竞争优势，以跨越发展差距并最终实现赶超。

根据发达国家的发展经验，当一国或地区人均 GDP 突破 4000 美元时，经济增长动力将逐步从“生产要素驱动”、“投资驱动”转向“创新驱动”。贵州 2017 年人均 GDP 已经突破 5600 美元，具备进入创新驱动阶段的基本条件，同时，从贵州近几年成功推动大数据产业发展的实践可知，在贵州 17.6 万平方千米的土地上，完全具备适宜创新的土壤、激发创新的环境和开启创新的基因。当前，贵州全省正积极拥抱大数据的发展机遇，在全国率先开启大数据与实体经济深度融合的大幕，具备进入创新驱动阶段的科技条件，因此，贵州一定要牢牢把握并顺应经济发展规律，充分结合贵州在大数据方面形成的先行优势，在继续保持一定程度投资驱动的同时，以更大的决心、更有力的举措推进创新驱动发展战略的实施，不断激发和培育发展的内生动力，加速贵州经济发展从投资驱动转向创新驱动，推动贵州新旧发展动能有序转换和传统产业转型升级，为实现贵州经济高质量发展提供动力基础。

第二节 实现从环境势能到发展势能的转变

当前，大数据发展正从概念推广逐步走向深度实践，各地纷纷布局或推动大数据产业发展，而其中贵州大数据产业异军突起，目前已在全国率先度过“萌芽阶段”转而进入“成长阶段”。贵州大数据产业之所以能够取得成功，除了省政府紧抓大数据产业发展契机、抢先布局大数据战略之外，贵州适宜大数据发展的环境势能功不可没。根据中国电子信息产业发展研究院发布的《中国大数据发展指数报告（2018 年）》，贵州大数据发展环境指数在全国排名第三，仅次于广东和上海（见图 1-4）。贵州大数据发展的环境势能主要由三部分构成：一是先天优势，主要指贵州的自然环境优势，气候常年凉爽恒定、地质结构稳定、能源供给富足等条件可以有力降低大型数据中心的运行成本，尤其是能源优势可以为大数据企业带来显著的生产成本缩减；二是后发优势，大数据是个新兴发展领域，对产业基础要求相对不高，在技术研发、推广应用和商业模式方面国内外均处于探索阶段，后发地区贵州可以高点起步、顺势而为，将后发优势变为发展优势；三是先行优势，2013 年是大数据发展元年，贵州在这一年就开始谋划并以实际举措推动大数据发展。这三大优势构成了贵州独特的、天然的大数据产业发展的环境势能，因此，贵州要比其他省份更快地、更稳地、更好地把握这一历史性机遇。

从发展实践来看，贵州的环境势能有力推动了大数据产业发展。根据《中国大数据发展指数报告（2018 年）》，由于各地产业基础、起步时间以及政府重视程度的不同，不同省市大数据发展水平呈现出较大的差异。从 2018 年中国各省大数据发展总指数图（见图 1-5）可知，排名前六的省份均来自东部地区，表明东部地区的经济优势对于大数据发展有着很强的助力作用。但作为欠发达、欠开发西部省份的贵州紧随其后，排名第七，充分说明了贵州近些年在大数据方面取得的成就。

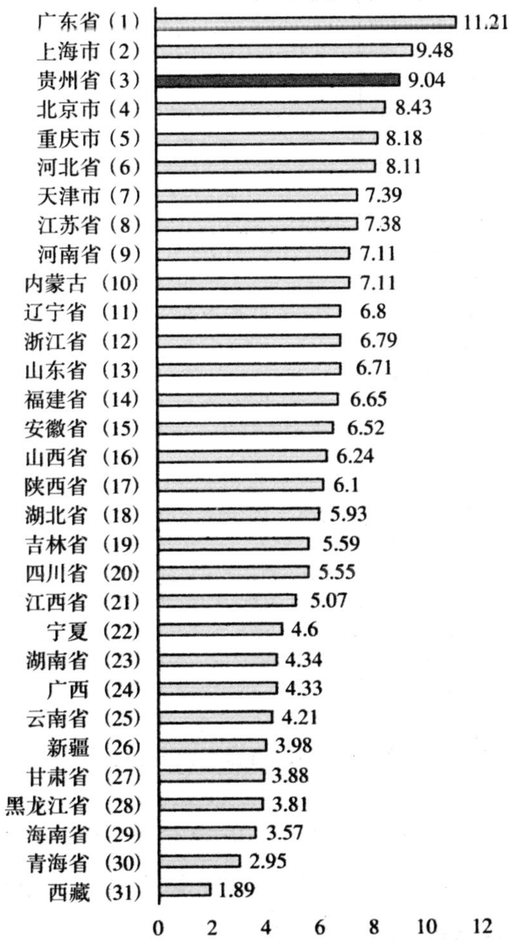

图 1–4　2018 年中国各省大数据发展环境指数

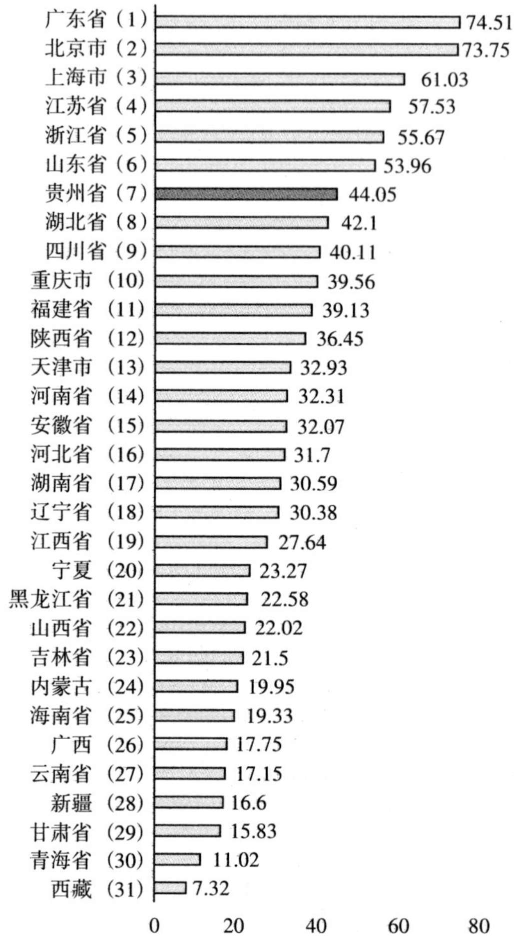

图 1-5　2018 年中国各省大数据发展总指数

贵州大数据的发展环境指数和发展总指数均处于全国前列，然而其产业发展指数和技术研发指数的排名却比较靠后。从 2018 年中国各省大数据产业指数图和技术研发指数图（见图 1-6、图 1-7）可知，贵州的大数据产业指数排名在全国第 13 位、技术研发指数排名在全国第 22 位，这两项指数排名明显与其环境指数和发展总指数的排名不相匹配。原因主要有两方面：一方面是原有的产业体系和技术体系未能有效支撑大数据产业发展和技术研发能力提升。大数据产业是围绕数据生产、采集、存储、加工、分析、服务开展的经济活动，其发展离不开产业链上下游其他产业的配合支撑与协同推进，而贵州本身的产业基础和研发能力相对较弱，未能有效支撑大数据产业的发展。另一方面是现有的大数据环境势能未能有效转化为产业优势和研发优势。贵州发展大数据时间仍然较短，贵州大数据的环境势能还未有效得到转化和释放。

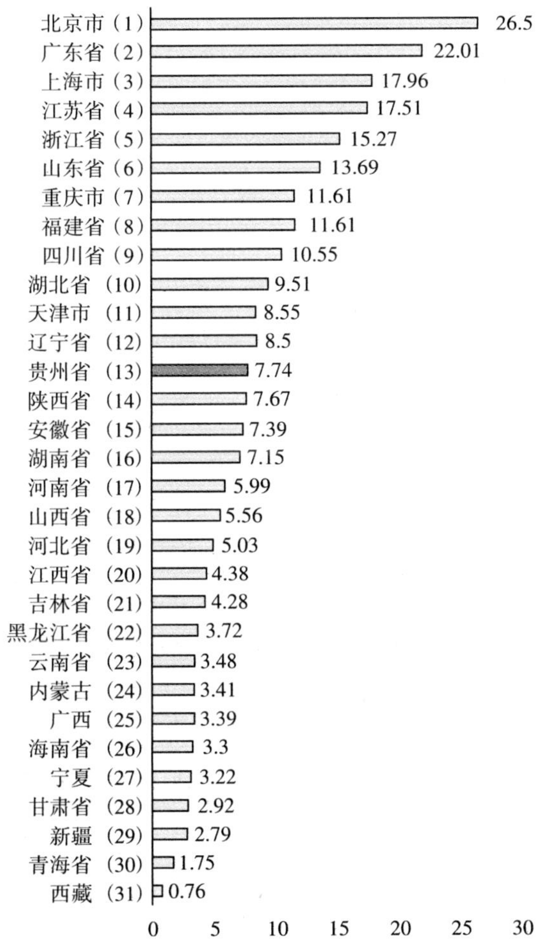

图 1–6　2018 年中国各省大数据产业指数

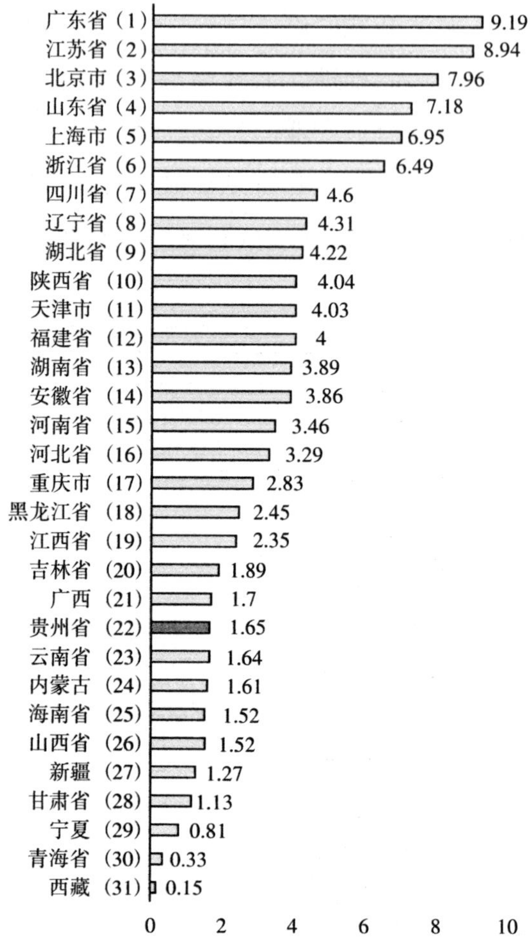

图 1-7　2018 年中国各省大数据技术研发指数

近年来，贵州大数据发展的环境势能不断得到加强和巩固：得天独厚的自然环境与日臻完善的交通基础设施相结合，精准有力的政策支持与日益成熟的大数据市场相结合，丰富多元的融资渠道与日渐增强的技术创新体系相结合。因此，针对贵州在大数据产业与技术研发方面的短板，在新的发展起点上，贵州应一手抓产业发展，一手抓科研创新，以大数据领域研发和产业化项目为载体，加大力度培养和引进一批高端科技和高水平创新团队，加强省内外高校与行业企业、科研院所的合作深度，加快大数据专业人才的定向培养步伐，“塑形”与“铸魂”并重，推动贵州大数据的环境势能转变为发展势能，全面提高贵州大数据的产业优势、科研优势和经济优势。

第三节 实现从先行优势到竞争优势的转变

随着大数据在不同行业、领域应用的不断深入，大数据的战略价值和应用意义日益凸显，发展大数据业也日益成为各地政府的竞争着力点。得益于大数据发展初期，贵州率先谋划和布局，因此贵州拥有大数据发展的先行优势。2013 年大数据元年，三大运营商相继将其南方数据中心落户贵安，2014 年 3 月，贵州在北京举办招商推介会，正式吹响了贵州大数据发展的时代号角。贵州作为首个国家级大数据综合试验区，从创建首个国家大数据产业集聚区，到率先举办大数据产业博览会，再到建设国内首个大数据统计学院，不断以先行者的姿态发力前行，创造了大数据领域的多个国内第一甚至全球第一，表 1–1 给出了部分贵州在大数据领域的先行大事。相较国内其他地区，贵州在大数据各个领域率先展开探索，涵盖会议、交易所、试验区、实验室、法律、理论、教育等多方面，在国内外树立起贵州大数据的品牌效应，成为国际知名的“中国数谷”。

表 1–1 部分先行大事及时间

时间	先行大事
2014 年 12 月	于贵阳·贵安新区创建首个国家级大数据产业集聚区
2015 年 4 月	成立贵阳大数据交易所
2015 年 5 月	成立贵阳众筹金融交易所

续表

时间	先行大事
2015 年 5 月	创建贵阳大数据战略重点实验室并提出块数据理论
2015 年 5 月	举办首届中国国际大数据产业博览会
2015 年 7 月	创建贵阳大数据产业技术创新试验区
2015 年 9 月	开启建设全国首个国家大数据综合试验区
2015 年 12 月	提出大数据产业“345333”的总体发展思路
2016 年 1 月	创建大数据资产评估实验室并推动大数据资产评估标准化
2016 年 3 月	出台首部大数据地方法规《贵州省大数据发展应用促进条例》
2016 年 10 月	成立全国首个省级大数据发展管理局
2017 年 5 月	落成国内首个大数据统计学院

数据的基础性战略资源的地位已经成为各方共识，贵州在大数据领域发先声、快赶路、抓关键、抢高地，成功赢得了发展先机。贵州大数据的先行优势得到有效发挥，具体可以体现在三方面：一是对外吸引力日益增强。贵州大数据的“朋友圈”不断得到拓展，既吸引了阿里巴巴、腾讯、华为、航天云网等国内领军企业竞相入驻，也使得英特尔、戴尔、苹果、高通、微软、IBM、谷歌等国外知名企业纷至沓来，共享大数据发展盛宴。二是本土企业竞争力日益增强。大数据的迅猛发展催动了贵州的创新创业热潮，货车帮、白山云、易鲸捷等具有“贵州基因”的大数据标杆企业迅速崛起，成为国内大数据领域的“独角兽”企业，有力激发了贵州经济发展新活力。三是大数据的动力作用日益增强。大数据是新产业革命的重要引擎，已经成为推动贵州产业转型升级、引领经济高质量发展的新动能。2013~2017 年，贵州以大数据为引领的电子信息制造业实现快速增长，年均增速达到 70%，2017 年更是达到了 86.3%，成为工业经济的第三大增长点。

贵州在推进大数据产业实践过程中积累了丰富而宝贵的经验。贵州大数据产业形态日趋完善，整体发展已经度过了摸着石头过河的初始阶段，逐渐形成一整套成熟的发展思路和科学的顶层设计，并且在一些领域取得了技术突破和理论突破。以后发之势，抢得先行之机，贵州大数据发展的产业化、规模化、引领化趋势越来越明显，毫无疑问地成为国内乃至世界范围内大数据发展的先行者和探路者。在新的征程上，贵州应总结发展经验，不断巩固先行优势，将先行优势转变为竞争优势：一是应把先行优势巩固成为大数据领域绝对的领先优势，继续领先进取、奋力探索，使得其他地区无法通过模仿而对贵州大数据地位产生威胁；二是应把先行优势转化为先行之利，积极推广大数据应用拓展、推动大数据成果转化、推进大数据商业模式创新，把先行优势转化成巨大的经济效益；三是应把先行优势转化为成本优势，充分发挥规模经济效应，降低大数据发展过程中经营成本和试错成本，在成本上优于其他“后来者”；四是应把先行优势转化为品牌优势，贵州大数据的成绩来之不易，大数据成为世界认识贵州的新名片，是贵州一个大品牌，要营造大数据文化，设计出贵州大数据形象和 Logo，全力将先行优势打造成为贵州的超级 IP 品牌。

第四节　实现从政府主导到市场经济下的新型举省体制的转变

大数据与传统产业不同，产业的发展路径没有成熟的模式可以借鉴，从贵州的具体实践来看，贵州大数据发展并不是市场的自发行为，而是政府主导的自上而下的尝试。贵州省政府的主导作用主要表现在以下五个方面：一是在大数据基础设施建设中发挥了重要作用。2013 年以来，贵州信息基础设施建设投资力度不断加大，相继启动并实施了“信息基础设施建设三年大会战"、"宽带贵州"、"光网贵州"、"满格贵州" 等建设，大数据基础设施得到很大提升。截至 2017 年底，贵州通信光缆达到了 90 万千米，建成了贵阳·贵安国家级互联网骨干直联点，出省带宽达到 6730Gb，行政村实现 100%通 4G 网络、98%通光纤，为推动大数据产业发展、培育大数据市场创造了有利条件。二是给予大数据发展充分的政策空间。在无现成模板可鉴、无实际经验可循的背景下，贵州出台一系列政策措施加快推进大数据产业发展（见表 1-2），2014 年 2 月~2018 年 8 月，贵州累计出台了省级大数据相关政策 21 条，从多领域、全方位为大数据发展创造条件。三是推动与高校等科研机构合作，在贵州成立研究院，提前对大数据技术、产业发展进行研究和布局。如 2016 年 5 月，贵阳大数据交易所联合清华大学、华南理工大学、青岛大学、南京大学、贵州大学等国内 20 余所高校联手成立大数据交易联合实验室，加强大数据交易全局性、战略性、前瞻性研究。四是牵头策划和举办一系列大数据相关会议。最具代表性的是每年的中国国际大数据产业博览会。五是推进大数据核心关键技术研发。核心关键技术和设备是不可能依靠市场引进而实现的，贵州省政府以原始创新为长远目标，瞄准大数据在"聚、通、用"中的关键技术瓶颈，推出了贵州省大数据领域技术榜单。

表 1-2　贵州省级大数据相关政策汇总（2014~2018 年）

序号	名称	印发部门	发布时间
1	《关于加快大数据产业发展应用若干政策的意见》	贵州省政府办公厅	2014 年 2 月
2	《贵州省大数据产业发展应用规划纲要（2014~2020 年）》	贵州省政府办公厅	2014 年 2 月
3	《贵州省信息基础设施条例》	贵州省人大常委会	2014 年 4 月
4	《贵州省大数据产业发展领导小组办公室关于加快大数据产业发展的实施意见》	贵州省经济和信息化委员会	2014 年 7 月
5	《贵州省大数据发展应用促进条例》	贵州省人大常委会	2016 年 1 月
6	《贵州省卫生计生委关于加快医疗卫生事业与大数据融合发展的指导意见》	贵州省卫生计生委办公室	2016 年 6 月

续表

序号	名称	印发部门	发布时间
7	贵州省 2016 年第一批大数据发展项目工程包	贵州省发展改革委办公室	2016 年 7 月
8	《贵州省大数据产业发展引导目录（试行）》	贵州省发展改革委办公室	2016 年 8 月
9	《贵州省政务数据资源管理暂行办法》	贵州省政府办公厅	2016 年 11 月
10	《贵州省应急平台体系数据管理暂行办法》	贵州省政府办公厅	2016 年 11 月
11	《贵州省大数据发展管理局主要职责内设机构和人员编制规定》	贵州省政府办公厅	2017 年 1 月
12	《贵州省数字经济发展规划（2017~2020 年）》	贵州省政府办公厅	2017 年 2 月
13	《推进大数据应用的实施意见》	贵州省人民检察院	2017 年 2 月
14	《大数据 + 产业深度融合 2017 年行动计划》	贵州大数据发展领导小组	2017 年 5 月
15	《贵州省政府数据资产管理登记暂行办法》	贵州大数据发展领导小组办公室	2017 年 7 月
16	《关于金融支持贵州省大数据产业发展的指导意见》	贵州省大数据管理局等	2017 年 7 月
17	《贵州省促进和规范健康医疗大数据应用发展的实施意见》	贵州省政府办公厅	2017 年 7 月
18	《贵州省发展农业大数据助推脱贫攻坚三年行动方案（2017~2019 年）》	贵州省人民政府办公厅	2017 年 9 月
19	《贵州省实施“万企融合”大行动打好“数字经济”攻坚战方案》	贵州省政府办公厅	2018 年 2 月
20	《2018 年贵州省大数据发展工作要点》	贵州大数据发展领导小组办公室	2018 年 4 月
21	《贵州省推动大数据与工业深度融合发展工业互联网实施方案》	贵州省政府办公厅	2018 年 8 月

毫无疑问，政府主导下的贵州大数据发展取得了巨大成就。然而，当产业发展的萌芽期结束，进入成长期时，则更多需要依靠产业升级和创新驱动，政府所能发挥的作用就会受到一定的限制。国内外的诸多经验，尤其是大量传统产业发展的经验表明，政府主导在产业起步时可以大力助推，但伴随产业的发展壮大，最终还是需要通过市场机制来进行资源配置，需要领军企业、独角兽公司的引领、带动，而不能单单依靠政府的决心和扶持，因此，政府主导模式不能持续过长时间。

政府和市场关系是新兴产业发展过程中一个至关重要的问题，也是很多经济问题产生的根源。按一般经济发展规律，从政府主导转向市场主导是一种趋势，但是无论是贵州省还是大数据产业都具有一定的特殊性，具体体现在：

首先，贵州省的特殊性。贵州是一个典型的西部欠发达省份，2017年贵州 GDP 总量在全国排在第 25 位、人均 GDP 排在全国第 29 位，贫困人口约有 280.32 万人，占全国贫困人口的 9.2%，贫困发生率为 7.75%，高于全国 4.65 个百分点。贵州的市场化水平和对外开放水平总体较低，产业基础和经济实力远不如沿海发达省份，如果没有政府的强力支持和推动，大数据发展将举步维艰。

其次，大数据产业的特殊性。从美国支持集成电路的历史经验可知[①]，战略新兴产业的发展离不开政府的支持和服务。大数据是战略新兴产业，政府只有依据产业化、市场化的一般规律，出台一系列的产业战略和扶持性政策，才能保证其取得领先优势。

最后，信息技术的特殊性。信息技术是一个技术迭代极快、爆发力极强、极难赶超的领域，深受 15 年周期律影响，因此要想在信息技术领域取得绝对领先地位，实际时间只有 15 年左右[②]。观察信息技术发展史可知，1965 年是大型机时代，1980 年是 PC 机时代，1995 年是互联网时代，因此，2010 年左右应该进入大数据时代。根据规律，大数据发展的黄金时间为 2010~2025 年，贵州能否在大数据领域取得全球领先地位已经进入关键时刻。

因此，贵州大数据产业的发展将不是通常意义上的政府主导向市场

---

① 集成电路开始发展的 20 世纪 60 年代美国政府购买集成电路产品数一直占集成电路全部产量的 37%~44%。

② "15 年周期律"，是由 IBM 的前总裁路易斯·郭士纳（Louis Gerstner）提出的，指计算模式每 15 年就会发生一次重大突破。

主导的过渡，而是必须跳出传统产业发展经验的制约，以全新的视野和思路推动大数据发展。通过将经济发展的一般规律与贵州大数据事业具体实践相结合，我们发现，贵州的最佳选择应该是市场经济下的新型举省体制，即举全省之力，集中优势资源打造大数据产业发展基础，强势推动建立以大数据企业为主体，高校和科研院所相互协作的共赢平台，注重通过市场机制来打通大数据与经济的连接通道，积极探索科技成果、金融资源与实体经济有效协同的新模式。

第五节 实现从候鸟企业到榕树企业的转变

近几年，我国经济增速换挡回落，从高速增长转换为中高速增长，贵州借助于招商引资和大数据产业实现了逆势突围，从一个欠发达、欠开发省份正在华丽转身成为中国乃至世界瞩目的大数据产业重镇。在贵州经济后发赶超的进程中，招商引资发挥了巨大作用。贵州省在农业、旅游业、军民融合、央企、中小企业跨境投资与贸易合作等重大专题充分开展招商引资活动，招引了一批国内外优强企业和科技含量高、成长性好的中小企业，促进了一大批重大项目的落地实施，取得了非凡业绩。图 1-8 反映了 2011~2017 年贵州省的省外资金引进情况，在全国其他地区招商引资日渐困难的背景下，贵州省实现了每年约 1000 亿元省外资金规模的增长。除引进资金规模之外，贵州省对招商质量的重视也日益凸显。2017 年贵州引进国内外实力强、科技含量高、成长性好的各类优强企业 1060 家，其中 500 强企业 23 家，新建成投产的规模以上工业企业 514 家，对规模以上工业增长的贡献率达 31.8%。

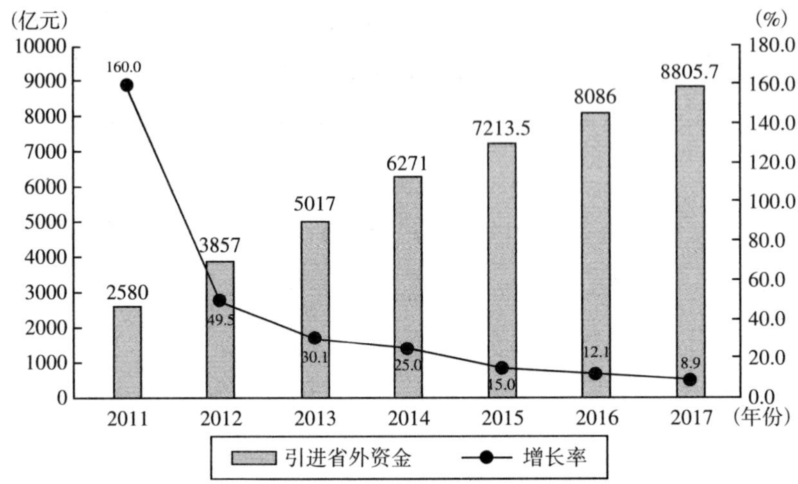

图 1-8　2011~2017 年贵州引进省外资金情况

优质的营商环境是提升推动区域经济高质量发展、提升经济核心竞争力、厚植经济发展新优势的必要前提和重要保障。在不断加大招商引资力度的同时，贵州通过一系列重要举措不断改善优化营商环境。2018 年 2 月，贵州出台《贵州省优化营商环境集中整治行动方案》，直面市场、企业反映的营商环境突出问题，并参照世界银行相关指标，积极开展营商环境第三方评估工作，并对评估反映出的营商环境问题进行严格整改，有序、有力、有效推进营商环境整治工作。2018 年 6 月，贵州在全省范围全新推出政务“集成套餐服务”，包括药品连锁店、大数据电子信息企业、军民融合高端装备制造企业、大型酒店创立等 21 种“集成套餐服务”，充分调动各相关职能部门的积极性，倒逼各部门间协同融合和推动提升公共资源配置效率，进一步加强各种要素保障、优化服务条件、提高政务服务水平，大力简化公共资源交易流程、消除管理服务盲点、推进商事制度改革，有效降低企业制度性交易成本，营造稳定、公平、透明、可预期的营商环境。2018 年 7 月，贵阳获评 2018 年中国企业营商环境十佳城市称号。

一手抓招商引资，一手抓营商环境。近年来，贵州省政府成功将贵州打造成极具吸引力的企业发展优选地区。以大数据企业为例，贵州大数据相关企业已从2013年的不足1000家增至8500多家，吸引了苹果、高通、英特尔、惠普、甲骨文、阿里巴巴、华为、腾讯等世界级领军企业。在大量企业落户贵州、推动贵州经济发展的同时，要警惕候鸟企业现象的发生。所谓候鸟企业现象，是指部分企业利用各地政府招商引资需要，以追逐优惠政策、扶持资金和廉价资源为目标而无长期发展计划，等到优惠政策期限临近就如同候鸟一样迁走。从我国珠三角和长三角的发展经验来看，候鸟企业现象是广泛存在的。当前，贵州很多产业迎来发展的“井喷期”，大数据产业的蓬勃发展更是吸引了来自全世界的目光。贵州创造了先行先试、开放资源、容错试新的大数据创业创新环境，成为业界公认的大数据新模式首选“实验田”。良好的发展机遇不可避免地吸引了一些候鸟企业或具有候鸟心态企业的进入，加之高科技创新创业公司的一个显著特征就是轻资产，大数据科技类候鸟企业更容易迁走。

候鸟企业不可能推动贵州大数据全产业生态体系的形成。因此，在推动大数据与实体经济深度融合进程中，贵州应坚持不懈营造创业、创新、创优的大好环境，增强候鸟企业对地区的归属感、责任感和使命感，逐步推进容易迁走的候鸟企业向落地生根的榕树企业转变。吸引更多领先的大数据企业将总部设在贵州形成大数据产业总部经济效应，吸引更多的领先科技企业将研发中心设在贵州提升科技研发优势，吸引更多知名企业将数据中心设在贵州形成数据中心服务示范效应。搭建交流合作平台，推动科技含量高、核心竞争力强、辐射带动力大的企业，与在贵州创新创业的中小企业有机嫁接。

第二章

贵州省概况与大数据产业发展现状

第一节　贵州省自然、经济特征概况

一、自然条件

贵州省，简称“黔”或“贵”，地处中国西南腹地，与重庆、四川、湖南、云南、广西接壤，是西南交通枢纽。辖有贵阳市、遵义市、六盘水市、安顺市、毕节市、铜仁市、黔西南布依族苗族自治州、黔东南苗族侗族自治州、黔南布依族苗族自治州九个地级行政区。

贵州地貌属于中国西南部高原山地，境内地势西高东低，自中部向北、东、南三面倾斜，平均海拔在1100米左右。全省地貌可概括分为高原、山地、丘陵和盆地四种基本类型，高原山地居多，素有“八山一水一分田”之说，是全国唯一没有平原支撑的省份。贵州气候温暖湿润，属亚热带湿润季风气候。气温变化小，冬暖夏凉，气候宜人。降水较多，雨季明显，阴天多，日照少。

贵州自然禀赋的劣势极大地限制了本地经济的发展。贵州可用于农业开发的土地资源不多，土层厚、肥力高、水利条件好的耕地所占比重低，限制了农业生产。而对于工业而言，贵州地处西南腹地的区位条件导致其远离中东部省份与沿海地区等主要的产品需求市场，多山的地形特征提高了交通运输成本，造成了工业发展的劣势。这使得贵州省经济发展整体上还较为落后。

但是贵州独特的自然环境却为发展大数据产业创造了良好的条件。首先，数据存储运算设备对周边温度要求较高，而贵州省气候较为凉爽，温度变化稳定，夏无酷暑，冬无严寒，利于数据存储运算的运行和维护。其次，大数据产业对电力资源要求较高，而贵州省煤炭和水利资源丰富，发电量大，是西电东送南线的送电起点之一。这里充沛的电力和低廉的电价为发展大数据产业提供了能源保障。最后，贵州远离沿海，也不处于地震带上，避免了台风、地震等严重的自然灾害对产业设施的破坏。由于优越的自然条件，国家发展改革委、工业和信息化部、中央网信办在 2016 年 2 月批复贵州设立首个国家大数据综合试验区，推进大数据产业的发展。

二、经济结构特征

从地区生产总值来看，贵州经济总量仍然偏低。从 2012 年到 2016 年，贵州省地区生产总值从 6852.20 亿元增长到 11776.73 亿元，在各省（区、市）的排名由第 26 位升高到第 25 位。但是近年来贵州经济增长速度较快，2017 年贵州生产总值增长 10.20%，在全国 31 个省（区、市）中排名第一（见图 2-1）。人均地区生产总值由 2012 年的 2 万元增长到 2017 年的 3.8 万元，年均名义增长率为 14%。

2017 年贵州地区生产总值按照三次产业划分，第一产业增加值为 2020.78 亿元，比上年增长 6.7%；第二产业增加值为 5439.63 亿元，比上年增长 10.1%；第三产业增加值为 6080.42 亿元，比上年增长 11.5%。从总的增长趋势来看，虽然贵州三次产业增加值都呈现出较快的增长速度，

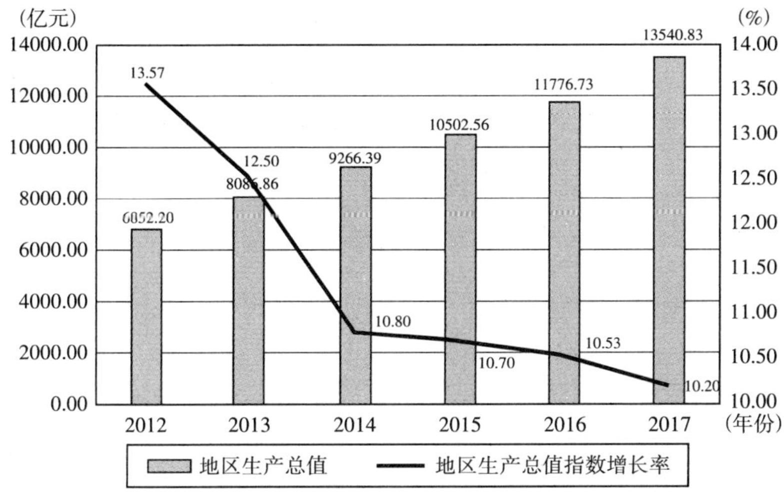

图 2-1　贵州地区生产总值及增长率

但是第一、第二产业的增长速度要快于第三产业，表现为第一、第二产业增加值在地区生产总值中比例的提升。从 2012 年到 2017 年，第一产业增加值由 13.0%上升到 14.9%，第二产业增加值由 39.2%增加到 40.2%，第三产业增加值由 47.8%下降到 44.9%（见图 2-2）。

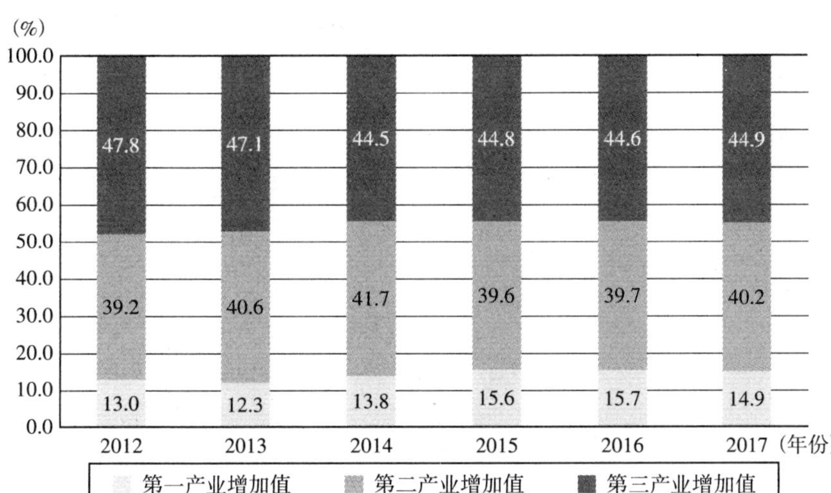

图 2-2　贵州三次产业增加值占比

从 2012 年到 2017 年，贵州社会消费品零售总额由 2266.27 亿元增长到 4154 亿元，年均增长率为 13.9%，其中 2017 年相比于 2016 年的增长率为 12.00%（见图 2-3）。按消费类型统计，2017 年餐饮收入为 364.97 亿元，比上年增长 14.7%；商品零售为 3789.02 亿元，比上年增长 11.7%。按经营地统计，城镇消费品零售额为 3388.54 亿元，比上年增长 11.8%；乡村消费品零售额为 765.46 亿元，比上年增长 12.9%。

图 2-3　贵州社会零售品总额及增长速度

从 2012 年到 2017 年，贵州省固定资产投资由 0.55 万亿元增长到 1.55 万亿元，年均增长率为 23%。其中 2017 年相比于 2016 年的增长率为 20.1%（见图 2-4）。其中，第一产业投资比上年增长 29.9%，占全省固定资产投资比重为 2.5%；第二产业投资增长 5.8%，占全省固定资产投资比重为 16.7%；第三产业投资增长 23.3%，占全省固定资产投资比重为 80.8%。基础设施投资为 6757.29 亿元，比上年增长 25.5%。高技术产业投资为 263.87 亿元，比上年增长 58.6%。

贵州近年来进出口规模波动较大。从 2012 年到 2015 年，贵州进出口总额增长较快，由 66.3 亿美元增长到 122.2 亿美元，年均增长率为 22.6%。

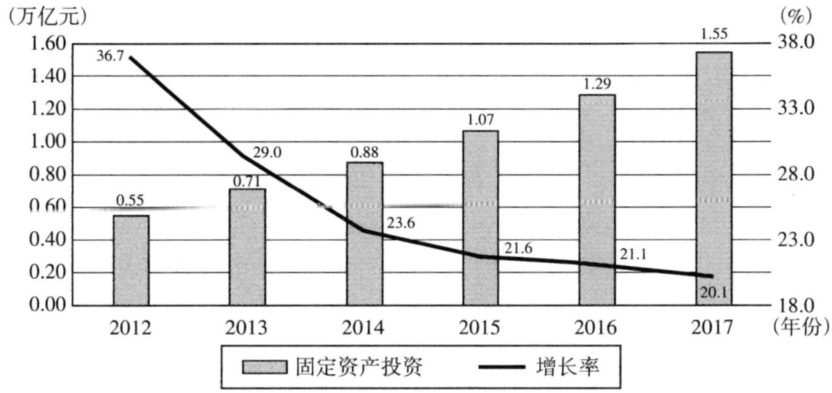

图 2-4　贵州固定资产投资及增长速度

其中进口总额年均增长率为 26.2%，出口总额年均增长率为 10.6%。但在 2016 年，贵州无论进口总额还是出口总额相比于 2015 年都出现了大幅下降，进口总额下降了 52.3%，出口总额下降了 57.9%。2017 年进出口总额出现了回升，全年进出口总额 81.3 亿美元，比上年增长 42.6%。其中，出口 57.8 亿美元，比上年增长 21.8%；进口 23.5 亿美元，比上年增长 145.8%（见图 2-5）。

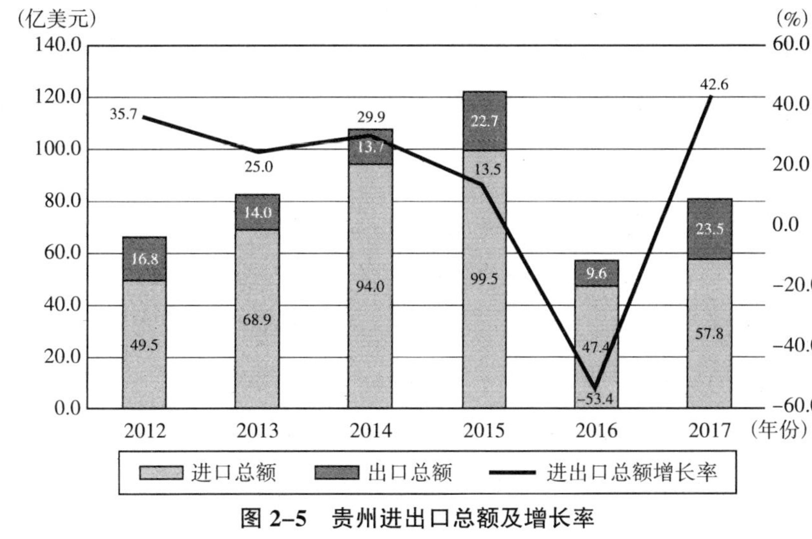

图 2-5　贵州进出口总额及增长率

从2012年到2017年，贵州公路通车里程从16.45万千米增加到19.44万千米，年均增长速度为3.4%，2017年相比于2016年增长了1.5%（见图2-6）。其中高速公路由2.63万千米增长到5.83万千米，年均增长率为17%，2017年相比于2016年增长了7.4%。

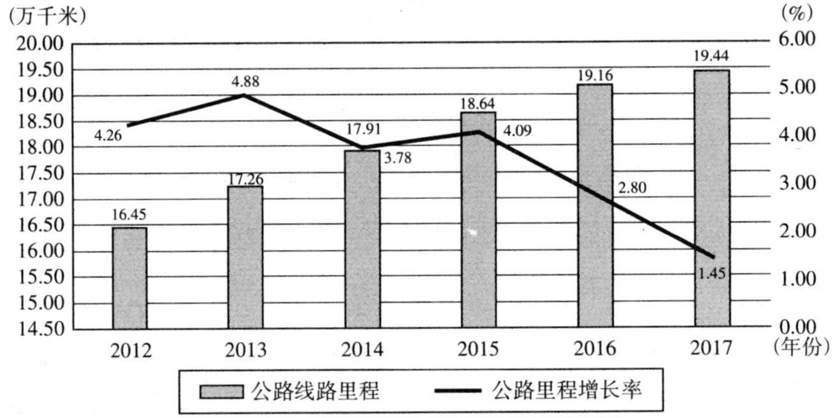

图2-6 贵州公路线路里程及增长率

从2012年到2017年，贵州铁路、公路、水路货物总运输量由52765万吨增加到94626.8万吨，年均增长率为12%，其中2017年比2016年增长5.7%。三种运输方式中，公路货物运输总量为89298.00万吨，增长8.6%；铁路货物运输总量为3664.23万吨，下降3.5%；水运货物运输总量为1664.57万吨，增长0.6%（见图2-7）。

总体上看，贵州近年来经济增长较快，本地区生产能力进一步提高，基础设施进一步完善，消费水平和总需求得到进一步扩张，经济活力进一步得到激发。这在实体经济一端为贵州大数据与实体经济的深度融合提供了良好的基础。随着本地区大数据产业的快速发展，大数据与实体经济的深度融合会有效提升本地实体经济的技术水平和竞争力，从而为本地区经济长期快速增长和居民生活水平的提高助力。

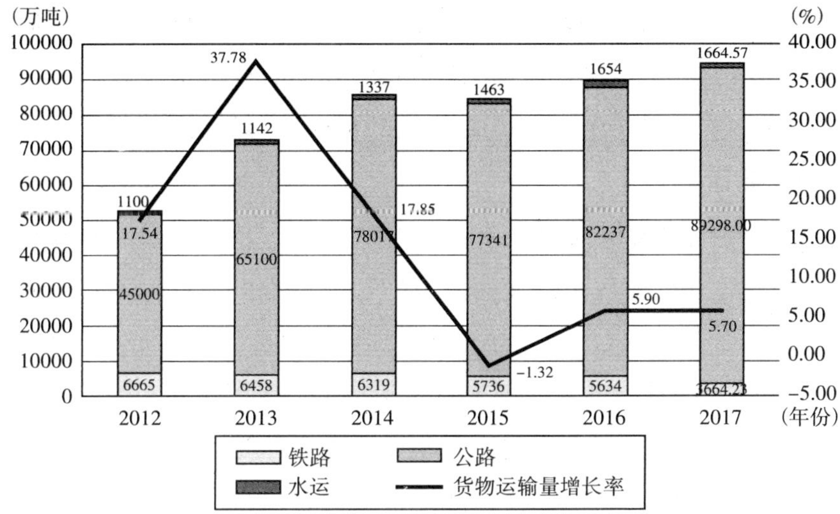

图 2-7　贵州货物运输量及增长率

第二节　大数据产业发展现状

一、全球大数据产业发展总体概况

伴随人们需要处理的数据量急剧膨胀，大数据技术及相关产业也快速发展起来。由于网络的普及和数据库、智能设备技术的应用，数据的收集更加快捷便利。大数据不仅强调数据巨量，更强调从海量数据中快速获得有价值信息和知识的能力。面对海量的数据信息，传统数据处理模式和软件工具难以在合理的时间内对所需信息进行筛选、存贮、管理和分析，于是大数据技术应运而生。大数据通常被概括为规模巨大（Volume）、类型繁多（Variety）、价值密度低（Value）、处理速度快（Velocity）的“4V”特征。运用大数据技术，在组织机构内部，企业和政府机构可以通过加强部门间沟通提高管理效率，降低生产和服务成本。

在组织机构外部，企业和政府机构可以通过细分服务群体来提升服务质量。由于大数据技术广阔的应用前景和巨大的商业价值，各国政府相继出台大数据战略规划和配套法规促进大数据应用与发展。

（一）美国

美国较早地将发展大数据上升为国家战略。2011 年总统科技委员会认为政府在具有重要战略意义的大数据相关技术方面投入不足。随后在 2012 年 3 月，美国成立了“大数据高级指导小组”，并发布《大数据研究和发展计划》。该计划涉及美国国家科学基金、美国国家卫生研究院、美国能源部、美国国防部、美国国防部高级研究计划局、美国地质勘探局六个联邦政府部门，承诺将投资两亿多美元，以推动和改善与大数据相关的收集、组织和分析工具及技术，推进从大量的、复杂的数据集合中获取知识和洞见的能力。该计划有两个目标：一是用大数据技术系统改造传统国家治理手段和治理体系，二是形成新的经济增长业态和板块。这是美国为应对大数据革命带来的机遇，推进相关研究机构进一步进行科学发现和创新研究的重大举措。2013 年 11 月，美国政府推出“数据—知识—行动”计划，进一步细化了如何利用大数据技术促进经济发展，推动科技创新。随后其他政府部门也推出各自的大数据行动发展计划。2014 年 5 月美国总统办公室提交了题为《大数据：抓住机遇、保存价值》的报告，强调了大数据技术的重要作用，描述了大数据的发展和应用以及政府政策的现状，并在政策框架等方面提出了建议。2016 年 5 月美国政府发布了《联邦大数据研发战略计划》，承诺对国防、能源、卫生和地质勘探等五个部门进行扶持和投资，并公布了十余个部门制订的具体发展计划。

在数据开放方面，美国政府于 2009 年推出面对公众开放的数据网站 Data.gov。开放的数据包括农业、气候、消费者、生态、教育、能源、金融、健康、政府、海洋、公共安全、科研等门类，截至 2017 年 6 月已开放了约 200000 个数据集超过 1000 万的数据资源。但由于近年美国政府的财政问题，白宫于 2011 年宣布这些网站将终止营运，但为了供各国开发者使用和修改会将它们开源化。

为了解决发展大数据的技术问题，形成未来信息网络方面的技术优势，美国已经确立了发展大数据的明确的国家战略和政策举措。在经济利益驱动下，谷歌、微软、ORACLE、Teradata、亚马逊、Facebook、EMC、IBM 等公司加大这一领域投资力度，并获得巨大的经济效益。当前大数据在美国已经形成政府、企业、科研机构全体动员、协调推进的格局。

（二）英国

英国政府在 2013 年 10 月发布了由商业、创新与技术部牵头编制的题为《紧抓数据机遇——英国数据能力战略》的政策报告，认为数据重要性的与日俱增是政策制定者面临的重大机遇和挑战。大数据技术蕴藏着巨大的社会经济效益，掌握这一能力对英国在信息社会形成竞争优势非常重要。该报告鼓励公共及私人组织在该领域增加关注度和研发投入，主张政府、工商界和学术界相互合作，使英国成为该领域的领导者，从而为公民、企业和学术界创造利益。报告从提升数据分析能力、加强基础设施建设、加强软件开发和协同研发、安全有效地分享数据等几个方面阐述了提高大数据技术水平的政策建议。

在数据开放方面，英国政府建立了 data.gov.uk 网站，并于 2010 年开始发布政务数据。开放的数据包括商业经济、环境、测绘、犯罪与司法、政府、社会、防务、政府开支、乡村与城镇、教育、健康、交通等方面，并产生了广泛的经济和社会影响。

据《紧抓数据机遇——英国数据能力战略》报告中援引的研究结果估计，从 2012 年到 2017 年，大数据产业可为英国创造 58000 个新的就业机会。每年公共部门信息为英国创造的直接经济价值为 18 亿英镑，更广泛的社会和经济效益高达68亿英镑。此外，大数据的应用不仅可以提高企业的生产率和盈利能力，也可以使企业、医疗机构等更加了解消费者、患者等服务对象的实际需求情况，从而提升服务质量。该报告认为在英国，大数据给人们的生活和工作方式带来了革命性的影响。

（三）德国

德国联邦教研部与联邦经济和技术部在2013年将“工业4.0”战略作为十大未来项目之一纳入了《高技术战略2020》，强调通过机械和机械之间的互联和信息流转增加生产效率，以此巩固德国的竞争地位。作为继“工业4.0”之后确保未来竞争力的又一举措，德国联邦政府在2014年8月出台了《2014~2017年数字议程》，旨在短期内通过挖掘数字化创新潜力促进经济增长和就业，为“工业4.0”体系建设提供长久动力；同时打造一个数字化的未来社会，以期在未来数字化竞争中保障德国持久的竞争力，直指未来欧洲乃至全球的数字强国。该文件提出以数字化价值创造推动就业，构建高效开放的互联网推动数字技术的应用，以及保障信息技术的简易、透明和安全三大目标，从发展数字化经济、构建数字化生活以解决数字创新的市场问题、开展数字化研发以及打造数字化基础以解决数字创新的环境问题四个方面阐述了将德国建设成为数字强国的战略方案。

推动大数据发展对网络设备具有较高要求，德国对信息产业发展的规划中也包含了互联网基础设施建设的相关内容。2010年出台的《德国ICT战略：数字德国2015》中提出，未来的网络和智能网络平台是重要的基础设施，必须要安全可靠。对现有的电信网络不能只做数量和质量上的简单调整和改善，必须全面改造建设新的基础网络，实现宽带网络的全覆盖和应用。《2014~2017年数字议程》中德国提出了在2018年之前建成覆盖全国的、下载速度在50Mbps以上的高速宽带网络的目标，并计划进一步扩建数字化基础设施与智能化交通系统。

（四）法国

法国政府在 2013 年 2 月提出《数字化路线图》，旨在通过推进数字化建设，以提高就业机会、增强企业竞争力，并在社会建设和数字经济方面实现法国价值。其中明确将大数据作为将会大力支持的战略性高新技术。为了促进大数据产业的发展，法国政府从 2013 年起实施了一系列投资计划。2013 年 4 月，为了“通过发展创新性解决方案，并将其用于实践，来促进法国在大数据领域的发展”，法国经济、财政和工业部将投入 1150 万欧元用于支持 7 个未来投资项目。2013 年 7 月 4 日，法国中小企业、创新和数字经济部发布了《法国政府大数据五项支持计划》，从教育、科研、商业应用等方面制定了促进大数据发展的政策安排。2013 年 7 月 9 日，法国政府公布“未来十年投资计划”，旨在确立 2016~2025 年十年间政府投资重点，实现提升竞争力和能源转变目标。其中 6 亿欧元投入数字经济领域。

在数据开放方面，法国在 2011 年 7 月宣布投资 20 万欧元，启动“Open Data Proxima Mobile”项目。该项目的任务是将政府公共数据向移动终端开放，让人们随时随地都能查询到公共数据，进一步挖掘公共数据的应用价值。项目内容涉及交通、文化、旅游和环境等领域。项目完成后所有法国公民以及在法国旅游的欧洲公民都将能通过个人移动终端使用法国的公共数据。所有公共数据都是免费的，并不掺杂任何商业广告，所有应用程序均操作简单，方便老人、残疾人等使用。2011 年 12 月，法国政府推出了公开信息线上共享平台 data.gouv.fr，以便于公民自由查询和下载公共数据。上线当天发布的第一批资源中就包含 352000 组数据，包括国家财政支出、空气质量、法国国家图书馆资源等方面。

（五）日本

日本政府在 2012 年 7 月提出了《面向 2020 年的 ICT 综合战略》，其中重点关注了大数据应用所需的社会化媒体等智能技术开发，传统产业 IT

创新，以及在新医疗技术开发、缓解交通拥堵等公共领域的应用。2013年6月，日本政府公布了其新的IT战略——“创建最尖端IT国家宣言”。该战略以开放大数据为核心，提出将日本建设成为“世界最高水准的广泛运用信息产业技术的社会”。

在数据开放方面，日本IT战略本部于2012年发布电子政务开放数据战略草案，居民可浏览中央各部委和地方省厅公开数据的网站。政府将利用标准化技术实现统计信息、测量信息、灾害信息等公共信息的公开，以确保国民方便地获得行政信息。

据日本矢野经济研究所的报告，2011年度日本的大数据相关行业的市场规模为1900亿日元，2012年度约为2000亿日元。该报告还预测了2013年以后日本大数据行业市场规模的增长率，认为每年平均增长率将超过20%，2020年度约为1兆500亿日元。在经济低迷、人口老龄化等诸多问题的困扰下，日本政府将IT产业，尤其是大数据产业作为提振经济、促进就业的重要举措。

（六）韩国

韩国政府就大数据发展做出一系列规划。2011年科学技术政策研究院正式提出“大数据中心战略”。2012年，韩国国家科学技术委员会就大数据未来发展环境发布重要战略规划。2013年，在时任韩国总统朴槿惠“创意经济”的新国家发展战略指引下，韩国未来创造科学部提出“培养大数据、云计算系统相关企业1000个”的国家级大数据发展计划以及《第五次国家信息化基本计划（2013~2017）》等发展战略。

在数据开放方面，韩国在2011年的“智慧首尔2015”计划中提出打造“首尔开放数据广场”。“智慧首尔2015”明确提出公共数据已成为具有社会和经济价值的重要国家资产。“首尔开放数据广场”为用户提供十大类的公共数据信息，并配有图表、数据、地图和网络链接等。首尔希望通过此举促进信息技术和公共服务产业的进步和发展，帮助企业创造多元化的商业模式和价值。

韩国大数据产业的发展也产生了巨大的经济效益。据韩国《电子新闻》报道，自 2012 年市场规模突破 12 万亿韩元后，韩国大数据行业以 9%的年均增长率不断发展壮大，2015 年韩国大数据行业市场规模已达 13 万亿韩元（约合人民币 722 亿元）。

总的来看，在全球电子信息产业较为发达的国家，大数据产业均呈现出快速发展的趋势，带来了显著的经济和社会效益。在认识到大数据产业未来巨大潜力和广阔的应用前景之后，各国政府对大数据技术研发及产业布局均做了较为明确的规划，希望通过理顺政策法规、改善基础设施条件等方式，推动工商界和研究机构挖掘大数据领域的经济价值，突破相关技术瓶颈，以期未来在该领域的激烈竞争中占领优势地位。

二、我国大数据产业发展总体概况

我国大数据核心产业可以大致分为三类企业：一是以华为、泽塔云、永洪、百度、百分点、荣之联等为代表的基础硬件制造公司及分析软件与平台架构开发公司。二是阿里巴巴、百分点、数据堂、优易数据等提供数据采集、预处理及交易服务的公司。三是携程、高德、腾讯、滴滴、360 等针对各类大数据应用需求提供辅助性服务的公司。

我国大数据行业近年来呈现出快速发展的势头。根据易观《中国大数据市场年度综合报告 2016》的估计，从 2011 年到 2015 年，我国大数据行业营收规模由 37.4 亿元增长到 105.5 亿元，年均增长率为 29.6%，预计 2018 年大数据行业营收规模增长到 283.7 亿元。根据中国信通研究院《大数据白皮书（2018）》的估计，从 2015 年到 2017 年，我国大数据行业产值由 2800 亿元增长到 4700 亿元，年均增长率为 29.6%，预计 2020 年大数据行业营收规模增长到 10100 亿元（见表 2-1）。尽管不同来源数据的统计口径可能存在差别，但是对于营收规模和产值的调查估计均显示近年来我国大数据行业处于高增长态势。

表 2–1　我国大数据行业营收规模与产值估计

单位：亿元

年份	2011	2012	2013	2014	2015	2016	2017	2018	2019	2020
营收规模	37.4	47.3	59	75.7	105.5	148.9	207.4	283.7	—	—
产值	—	—	—	—	2800	3600	4700	6200	8000	10100

数据来源：大数据行业营收规模来源于易观的估计，产值来源于中国信通研究院的估计。

大数据的广泛应用前景和经济潜力受到政策层面的重视。2014 年国务院政府工作报告指出“设立新兴产业创业创新平台，在新一代移动通信、集成电路、大数据、先进制造、新能源、新材料等方面赶超先进，引领未来产业发展”，大数据首次写入中央政府文件。2015 年 8 月 31 日，国务院印发《促进大数据发展行动纲要》，分析了大数据的发展形势和重要意义，系统阐述了推动我国大数据发展的指导思想、总体目标、主要任务和政策机制，提出了我国发展大数据的顶层规划，是推动我国大数据产业的纲领性文件。2016 年 3 月 17 日公布的《中华人民共和国国民经济和社会发展第十三个五年规划纲要》的“实施国家大数据战略”一章中提出：“把大数据作为基础性战略资源，全面实施促进大数据发展行动，加快推动数据资源共享开放和开发应用，助力产业转型升级和社会治理创新。”这是我国首次明确将发展大数据作为一项国家战略提出。为贯彻落实《中华人民共和国国民经济和社会发展第十三个五年规划纲要》和《促进大数据发展行动纲要》，工业和信息化部于 2016 年 12 月 18 日发布了《大数据产业发展规划（2016~2020 年）》，明确了“十三五”时期大数据产业的发展思路、原则和目标等内容。

在国家政策指导下，各地加快推进大数据产业发展和技术应用。各级地方政府针对本地实际情况出台大数据相关政策文件，制定行业发展管理政策。我国逐渐形成了以京津冀、长三角、珠三角和西南地区等区域为主要集聚区的大数据产业发展形势。

（一）京津冀地区

2016 年 10 月，国家发展改革委、工业和信息化部、中央网信办发函批复，同意设立京津冀大数据综合试验区。京津冀地区将推动数据资源对接、数据企业合作、数据园区共建，打造以北京为创新核心，天津为综合支撑，河北张家口、廊坊、承德、秦皇岛、石家庄为应用拓展的大数据产业一体化格局。

《京津冀大数据综合试验区建设方案》计划通过 3~5 年的建设实现京津冀大数据综合试验区建设的明显成效。到 2017 年底，三地数据开放、产业对接框架基本形成，数据开放共享机制体制初步建立，环保、交通、旅游等民生重点领域试点示范率先启动。到 2018 年底，三地初步形成集群特色鲜明、协同效应显著、资源配置优化的发展格局。到 2020 年底，以人为本、惠及民生的大数据服务新体系初步建立，大数据红利充分释放，成为提升政府治理能力的重要支撑和经济社会发展的重要驱动力量。

京津冀地区在设备制造、软件开发及相关技术应用方面涌现出一批具有雄厚实力的企业，实现了大数据的全产业链覆盖，协同效应初步显现。

（二）长三角地区

长三角区域大数据产业集聚区主要包括上海市、浙江省、江苏省和安徽省“三省一市”地区。为了管理和促进本地大数据产业发展，四地成立了包括上海市经信委大数据发展处、浙江省数据管理中心、合肥市数据资源局、徐州市大数据管理局等专门的大数据管理机构，承担着组织制定行业标准规范、推动政府数据开放、推进产业发展等方面的职责。在行业发展规划方面，2016 年 9 月上海市发布了《上海市大数据发展实施意见》，2016 年 2 月浙江省出台《浙江省促进大数据发展实施计划》，2016 年 8 月江苏省出台《江苏省大数据发展行动计划》。2017 年 2 月安徽省出台《安徽省“十三五”软件和大数据产业发展规划》。此外在信息化建设、大数据与其他产业融合等方面三省一市也颁布了多项政策文件，营造良好的政策环境氛围，在平台建设、标准规范、人才培养等多方面做出部署。

长三角区域上千家企业机构覆盖数据采集汇聚、存储处理、挖掘分析、数据应用、大数据周边服务等全产业链条。根据《2018 长三角区域大数据产业发展报告》统计，这些企业中大数据应用占比最多，达到 58%，大数据周边服务机构也达到 12%。依托众多高校和研究机构，长三角地区在大数据方面科研力量强劲，阿里巴巴、科大讯飞、海康威视、网易、苏宁易购、携程、浪擎、安恒等企业在核心算法及其他大数据细分领域均具有很强的竞争力。

基于优良的发展基础和经济科研环境，长三角地区的大数据产业发展迅速。根据《长三角区域信息化合作“十三五”规划（2016~2020 年）》，长三角地区已初步形成层次清晰、功能健全的区域信息化合作体系，初步形成两化融合区域协同发展的良好态势，初步形成社会民生、航运交通、城市安全等重要领域信息化应用全面对接的良好局面，初步形成以自主技术标准为核心的区域性信息技术产业集群，初步建成同城效应明显、共享渗透全面的区域信息基础设施体系。未来将加快推进长三角信息化和信息经济发展合作，共同推进信息基础设施协同发展和信息资源共同开发利用。

（三）珠三角地区

珠三角地区发达的经济贸易使得港口、商贸、航运、物流、海关、商检、医疗、金融等数据发生和交换非常活跃，日均数据交换超过 400 万条。发达的基础设施和强大的科研能力为大数据技术发展提供了良好条件。广东拥有广州、深圳两大超级计算机中心，运算速度全球领先。广东是国家三大互联网国际出口之一，并拥有全国较高的互联网普及率。中山大学、华南理工大学、广东工业大学、中科院广东分院、中国电子科技集团第七研究所、工信部电子五所等高校和科研机构在大数据、云计算、神经网络、深度学习等方面积极展开研究探索。

2016 年 10 月，国家发展改革委、工业和信息化部、中央网信办联合发文，包括珠江三角洲在内的七个区域正式获批建设国家大数据综合试验区。2017 年 4 月，广东省人民政府办公厅印发了《珠江三角洲国家大数据综合试验区建设实施方案》（以下简称《方案》），提出通过 3 年左右的探索实践，珠江三角洲国家大数据综合试验区开展大数据创新试验取得显著成效。大数据资源方面，汇聚政务、社会、行业和企业海量数据资源，数据基础设施高度集约，数据资源高度共享开放，数据资源权益得到有效保障；大数据应用方面，在社会治理、公共服务及行业发展等领域形成一批大数据创新应用示范，推动社会治理精准化、公共服务均等化，带动传统行业商业模式创新、经营管理方式变革，大数据综合应用居全国领先水平；大数据产业方面，涌现一批大数据新技术、新产品、新标准，基于大数据的创业创新和新兴业态蓬勃发展，大数据产业链进一步健全，形成大数据产业集聚发展态势，基本建成辐射带动效应强、示范引领作用显著、具备国际竞争力的跨区域类大数据综合试验区。《方案》还明确了加强政务数据统筹整合、推进数据资源开放利用、开展社会治理大数据应用、开展公共服务大数据应用、开展行业大数据应用、开展制造业大数据应用、开展创业创新大数据应用、促进大数据产业发展及促进大数据要素流通九项重点任务。

目前珠三角地区依托广州、深圳等地区的电子信息产业优势，在腾讯、华为、中兴等一批骨干企业的带动下，培育了一批实力较强的大数据创新企业，呈现出“广深引领、珠三角集聚、粤东西北紧随”的发展态势，成为了我国重要的大数据产业集聚区域。

（四）中西部地区

大数据产业在中西部地区的集聚区主要包括贵州、四川、重庆、湖北等地区。为了指导和支持本地大数据产业发展，各地均制定了相应的规划和政策。2014 年 2 月，贵州省人民政府印发《关于加快大数据产业发展应用若干政策的意见》（以下简称《意见》）和《贵州省大数据产业发展应用规划纲要（2014~2020 年）》（以下简称《纲要》）。《意见》明确，将从多方面发力，推动大数据产业成为贵州经济社会发展的新引擎。《纲要》提出贵州将以三个阶段推动大数据产业稳步快速发展，到 2020 年成为全国有影响力的战略性新兴产业基地。2013 年 6 月，重庆市政府印发了《重庆市大数据行动计划》，计划到 2017 年，大数据技术在民生服务、城市管理及全市支柱产业发展等领域广泛应用，大数据产业成为重庆经济发展的重要增长极，形成民生服务、城市管理和经济建设融合发展的新模式，构建起云端智能信息化大都市，成为具有国际影响力的大数据枢纽及产业基地。2016 年 9 月，湖北省人民政府印发《湖北省大数据发展行动计划（2016~2020 年）》，计划到 2018 年，基本建成一批布局合理、技术先进、绿色环保的大数据平台，形成一批对社会治理、经济发展、民生服务促进效应显著，社会广泛认可的应用典型，培育一批创新能力强、带动作用大的骨干企业；到 2020 年，将湖北建成国内一流的大数据应用示范基地、产业发展高地、资源集聚洼地和创新人才孵化中心，实现大数据思维和创新变革基因在经济社会各领域广泛根植，全社会创新驱动、转型发展能力显著增强。2017 年 10 月，成都市印发了《成都市大数据产业发展规划（2017~2025 年）》，按照规划总体目标，到 2025 年，将建成国内领先、国际一流的大数据产业发展支撑体系、供给体系和市场体系，全市大数据产业产值达到 3000 亿元，带动软件和信息服务业收入超过 1 万亿元。同时，成都市将努力打造成为全国大数据产业生态创新示范区、国家大数据产业集聚区和国际化大数据市场集散中心，建设“西部数据之都”。

虽然地处经济比较落后的中西部地区，但是贵州、重庆等地依托政府对其大数据产业发展提供的政策引导，积极引进大数据相关企业及核心人才，力图占领大数据产业制高点，带动区域经济新发展，通过大数据产业实现“弯道跨越”。

第三节　贵州大数据产业发展概况

一、贵州大数据产业发展建设历程

贵州省从2012年就开始积极探索大数据战略发展路径。贵州省委、省政府先后出台《关于加快信息产业跨越发展的意见》《贵州省云计算产业发展战略规划》；开工建设中国电信云计算贵州信息园、富士康贵州第四代绿色产业园、中国联通（贵安）云计算基地和中国移动（贵州）数据中心项目。

2014年5月28日，贵州省大数据产业发展领导小组正式成立，由时任省长的陈敏尔担任组长，省委常委秦如培和陈刚担任副组长，全局谋划贵州省大数据发展。10月，云上贵州系统平台成功上线运营，该平台成为全国第一个省级政府数据统筹存储、管理、交换、共享的云服务平台。11月，为加快推进信息基础设施建设，贵州省政府正式印发《信息基础设施建设三年会战实施方案》，启动信息基础设施建设三年会战，为大数据发展奠定坚实基础。

2015年5月26~29日，全球首次以大数据为主题的峰会和展会——贵阳国际大数据产业博览会暨全球大数据时代贵阳峰会举行。7月15日，科技部正式函复贵州省人民政府，同意支持贵州省开展“贵阳大数据产业技术创新试验区”建设试点。8月31日，国务院印发《促进大数据发展行动纲要》（国发〔2015〕50号），明确提出“推进贵州等大数据综合试验区建设”。9 月 18 日，贵州省召开新闻发布会，正式启动国家大数据（贵州）综合试验区建设。

2016 年 2 月 25 日，国家发展改革委、工业和信息化部、中央网信办发函批复，同意贵州省建设国家大数据（贵州）综合试验区，这是全国首个获批建设的国家级大数据综合试验区。6 月 3 日，贵州省大数据战略行动推进大会召开。10 月，贵州省大数据发展管理局正式成立，这是全国首个省政府直属的厅级大数据管理机构。自此，国家大数据（贵州）综合试验区建设全面展开。

二、贵州大数据产业发展现状

在顶层设计方面，贵州省在推进大数据发展的实践中，形成了“344533”的总体发展思路，明确和描绘了大数据发展蓝图。2016 年 6 月贵州省委、省政府召开全省大数据战略行动推进大会，出台了《关于实施大数据战略行动建设国家大数据综合试验区的意见》等“1+8”系列文件，确定了贵州省大数据发展的方向目标、工作任务和工作机制。

在法律法规方面，2016 年 3 月，贵州省颁布实施《贵州省大数据产业发展应用条例》，对大数据发展利用、共享开放、安全管理、法律责任等方面进行了规范。同年 11 月，出台《贵州省政务数据资源管理暂行办法》。

在行业关键共性标准方面，制定发布《政府数据分类分级指南》《政府数据资源目录第 1 部分：元数据描述规范》《政府数据资源目录第 2 部分：编制工作指南》《政府数据脱敏工作指南》四项大数据地方标准。与国家信标委大数据标准工作组进行合作，在贵阳试点“政府数据的基础元数据、数据质量、数据分类技术标准”、“政府数据共享交换标准”、“政府数据共享安全标准”三项标准试点，参与《信息技术　数据交易服务平台　交易数据描述》（GB/T 36343—2018）、《信息技术　数据交易服务平台　通用功能要求》（GB/T 37728—2019）两项国家标准制定。国家统计局批准在贵州省试行新的大数据产业统计报表制度，这也是全国首个大数据产业统计制度。

在基础设施建设方面，2015 年贵州省开始实施信息基础设施建设三年会战。2016 年累计完成投资 150 亿元，同比增长 31.7%。通过实施“满格贵州”、“光网贵州”、“宽带乡村”等工程，推进全省通信骨干网络扩容升级和网络通信能力优化，加快解决城区、高速、高铁等重点区域移动信号盲点，不断提高有效覆盖和质量。通过项目工程的建设，信息基础设施加快完善：一是出省带宽得到扩容提升。互联网出省带宽能力 2016 年达到 4580Gbps，估计 2017 年达 6000Gbps。二是网络地位逐步提升。贵州省获批国家级互联网骨干直联点，是中国电信集团南方数据基地集团网络骨干节点、中国移动集团五大数据基地之一、中国联通集团云计算一级节点。三是数据中心初具规模。三大基础电信运营商贵安新区数据中心一期建成投运，全省数据中心服务器数达到 7 万台以上。四是数据汇聚初见成效。省、市两级政府部门非涉密应用系统 100%接入云上贵州体系，打造全省统一的政府数据中心。华为、苹果等一批企业数据中心已签约落户贵州省。

在数据平台方面，建成全省政府数据和公共数据统筹存储、共享开放和开发利用的云服务平台——“云上贵州”平台。作为全省一体化的政府数据中心，有效推动了政府数据汇聚、共享开放和应用。2014 年 10 月，云上贵州系统平台第一节点正式上线运行。截至目前，省市两级已有 534 个应用系统汇聚云上贵州系统平台，聚集了 10 万 GB 数据量，日访问高峰达 10 亿次。开展政府数据“聚通用”攻坚会战，截至 2016 年底，四大基础数据库基本建成，第一批建设的电子政务、智慧交通、智慧旅游、工业、食品安全、环保、电子商务 7 朵云应用系统实现 100%上云，2015 年新增的 13 朵云应用系统实现 80%上云，其余省级政府部门和市级政府应用系统实现 50%上云。2016 年，各市州不再单独建设政府数据中心，采取集中方式，6个市（州）和贵安新区在云上贵州系统平台开设了市（州）分平台，并迁移了137个应用系统。贵阳市将“云上贵州·贵阳平台”纳入“一网六平台一企一基地”为载体的大数据平台建设。

在推动大数据与三次产业融合发展方面，实施“千企改造·大数据助力传统产业升级改造专项行动”，邀请68家国内外知名企业为贵州企业提供了173个转型升级解决方案，185名企业专家分批赴贵州23家重点企业开展会诊服务，举办3场集中推广辅导会。一是应用大数据推进农业转型升级，“农经云”以“数聚三农，云上乡村”为主题，建立连接省、市、县、乡、村五级的“大数据农村综合服务平台”和覆盖千乡万村的“大数据村域经济服务社”，以此形成基于“互联网+”和大数据应用的农村现代综合服务体系；二是应用大数据推进工业转型升级，通过开展“千企改造·大数据助力企业转型升级专项行动”，邀请68家国内外知名企业为贵州企业提供了173个转型升级解决方案，帮助贵州省企业找“痛点”、开“处方”、促合作，形成一批试点示范项目；三是应用大数据推进服务业转型升级，在智慧旅游、健康服务、智慧商贸物流、大数据金融服务、科技服务等方面取得了长足进步。

在大数据发展平台方面，一是设立产业发展基金，贵州省经济和信息化委、贵州省政府金融办共同推动成立云上贵州大数据产业基金，资金募集总规模为50亿元人民币，重点投资大数据核心、关联及衍生业态的优质项目；二是成立产业联盟，以贵阳国家级大数据综合试验区为基地，成立大数据金融产业联盟、汽车与保险大数据产业联盟、中国（贵阳）大数据旅游创新发展联盟、贵州电信大数据产业联盟；三是建设创新平台，提升创新能力。建设大数据评估实验室、国家大数据工程实验室、大数据交易联合实验室、国家生物医学大数据基础设施中心、云上贵州大数据灾备服务中心、贵阳大数据创新产业（技术）发展中心。

在对外交流方面，一是以招商引资促进大数据发展。贵州省加大招商引资考核力度，拓宽招商引资渠道，把招商引资作为推进大数据产业发展的重要抓手，取得显著成效。二是以重大会展活动推进对外交流合作。贵州省坚持“走出去”和“请进来”相结合，加强大数据科研与技术交流合作，大数据重大会展活动成效显著，对外交流合作欣欣向荣。

第三章 大数据与实体经济深度融合的理论内涵

互联网和信息技术的飞速发展引发了数据量的爆发式增长。在当前经济环境下，数据逐渐被看成像农业经济和工业化时代土地一样的“基本生产资料”，成为经济组织之间生产、加工、交易的主要对象。随着数据的获取、存储、分析等技术不断提高，大数据从理论层面转向应用层面，并逐渐走上产业化发展和产业融合的道路。大数据并不是独立发展的，而是和云计算、物联网、人工智能等新一代信息技术一起，成为当前推动经济、社会数字化转型的重要推动力，对全球生产、流通、分配、消费活动以及经济运行机制产生深远的影响，已经成为全球经济增长的新引擎。新一代信息技术的快速发展给传统经济学和管理学理论带来冲击和挑战的同时，也推动了经济学和管理学各分支理论的发展，成为近几年经济学、管理学领域的一大研究热点。因此，本书在梳理大数据与实体经济深度融合的理论背景时，将从信息技术的发展入手，总结不同阶段信息技术发展对经济、社会、产业所产生的影响和作用，特别是新一代信息技术发展所带来的挑战和变革。

第一节　重要概念辨析

一、信息技术产业

信息技术产业的提出最早可以追溯到美国经济学家马克卢普提出的知识产业（Knowledge Industry）和信息服务（Information Service）的概念，他将知识产业划分为五方面的内容：教育、研究与发展、传播媒介、信息设备（印刷设备、电影相关设备、打字机、电子计算机、其他办公设备及配件）、信息服务业（证券经纪业务、不动产代理业务等）。马克卢普的学说被认为开创了经济研究的新纪元，使知识产业成为一个与农业、制造业、服务业等物质生产部门相并列的产业。1977 年，美国学者波拉特首次提出信息产业概念，并将其划分为第一信息部门（直接向市场提供信息产品和服务的部门）和第二信息部门（信息劳务和资本只提供内部使用，而不流入市场的信息产业部门）。美国商务部发布的 *The Emerging Digital Economy*、*The Emerging Digital Economy* Ⅱ、*Digital Economy 2000* 三本书中将信息产业定义为生产、处理和传输信息的产品和服务，无论这些产品和服务是作为中间投入物投入到其他产业的生产中，还是作为最终产品用于消费、投资、政府购买或出口。并指出信息产业的四个组成部分：硬件业、软件和服务业、通信设备制造业和通信服务业。2000 年，联合国统计委员会以 NAICS 和 OECD 的分类为基础，制定了“信息业”和“信息与通信技术”两个分类，为世界各国确定自身信息产业分类和国际比较提供了依据。

我国对信息通信技术产业的界定集中在 2000 年以后，先后出现了

“信息产业”、“信息技术产业”、“电子信息产业”等概念。例如，赵正龙通过国内外对比，将信息产业定义为提供信息内容和信息服务，以信息的生产、收集、整理、传播为主要目的的服务性行业，这是一种狭义定义，它将信息产业归类为服务性行业。董爱军将信息产业界定为一切与信息生产、加工、流通相关的产业，不仅包括信息技术产业和服务产业，还包括金融、教育、新闻、出版、邮政及科研等，这是一种更加广义的定义。北京师范大学经济与资源管理研究所课题组将信息技术产业分为五个部分：电子及通信设备制造业、通信业、软件及信息服务业、电子信息产品销售业以及广播电视业。政府机构在信息技术产业的界定方面也做出了诸多研究。2006 年国家统计局颁布《统计上划分信息相关产业暂行规定》，其确定的信息相关产业主要是指与电子信息相关联的各种活动的集合，包括电子信息设备制造、电子信息设备销售和租赁、电子信息传输服务、计算机服务和软件业、其他信息相关服务五大类。工业和信息化部主编的《中国信息产业年鉴（2015）》则将信息产业划分为电子信息产业制造业和软件服务业两大类别。

可以看出，随着信息技术的快速发展，信息技术产业的边界也在不断地变化和扩大，当前国际和国内比较通用的一种界定是“信息通信技术”（Information Communications Technology）产业，即 ICT 产业，常常伴随着信息经济、数字经济等概念一起出现。中国信息通信研究院将信息经济分为两部分：一是信息经济基础部分，主要包括信息产业，主要体现为信息产品和信息服务的生产和供给，包括电子信息制造业、信息通信业、软件服务业和出现的新兴业态等；二是信息经济融合部分，包括传统产业由于应用信息技术所实现的生产数量和生产效率提升，其新增产出构成信息经济的重要组成部分。从 2017 年开始，考虑到国际上的通用说法，中国信息通信研究院将“信息经济”改为“数字经济”，当前数字经济这一提法在学界和业界得到广泛使用。从数字经济的角度来看，

ICT 产业在广义上包含了 ICT 基础产业和 ICT 融合产业，而 ICT 基础产业除了原有的电子信息制造业和软件服务业，新兴业态也成为重要组成部分，大数据及相关产业则是新兴业态中的主要代表。

二、数字经济

数字经济概念的提出，与现代信息通信技术的发展和商业化密切相关，从 20 世纪 90 年代开始，以计算机和互联网为代表的信息通信技术开启了快速的商业化进程，对经济和社会发展产生了深远影响，引发了诸多来自政界、学界和业界关于互联网如何影响商业活动和经济行为的讨论。1995 年，加拿大商业分析师 Don Tapscott 出版了一本名为《数字经济：网络智能时代的希望和危险》（*The Digital Economy*：*Promise and Peril in the Age of Networked Intelligence*）的著作，成为最早提出数字经济概念的人之一，此后出现了一大批关于数字经济的研究和著作。

发展至今，数字经济并没有一个确切的定义，与“数字经济”概念同期出现的还有“网络经济”、“知识经济”、“信息经济”等概念，实质上都是为了描述以计算机和互联网为代表的新技术给经济带来的影响和变革，这些概念和内涵随着信息通信技术的发展不断延伸、扩展。最初，数字经济的定义与电子商务的发展密切相关，主要包含了经济活动中支持信息化基础设施建设、电子化商业流程实现和电子商务交易相关的内容，之后这三部分内容被不断补充和完善。从 2008 年开始，数字经济的概念被更加广泛地提及，具体内容也延伸到 ICT 技术（硬件、软件、应用、通信等技术）在整个经济活动中的应用，包括在商业、政府事务和非政府事务中的应用。

近几年，世界主要国家都认识到 ICT 技术对推动经济增长的重要作用，积极制定国家层面的数字经济发展规划和战略政策，如美国的《数字经济议程》、欧盟的《产业数字化规划》、英国的《英国数字战略》等，这些战略规划中都对数字经济的概念和内涵进行了定义。中国在 2016 年 9 月 20 日举办的 G20 峰会上第一次对数字经济给出了官方定义："数字经济是指以使用数字化的知识和信息作为关键生产要素、以现代信息网络作为重要载体、以信息通信技术的有效使用作为效率提升和经济结构优化的重要推动力的一系列经济活动。"[①] 中国对数字经济的定义强调了数字化的知识和信息作为关键生产要素的地位，以及 ICT 技术对经济数字化转型的推动作用。

对数字经济的概念和内涵进行界定主要是为了对数字经济的发展规模做测算，学界、政界和业界在过去几十年中针对数字经济测算做了大量工作，其中最具代表性的是经济合作与发展组织（OECD）的测算。在测算中，OECD 认为数字经济测算范畴不只局限于商业和市场，而是包括从个人层面、组织层面到整个社会层面的数字化变革。这一理念被许多国家的学者、研究人员和业界人士认可和传播，中国官方和学术界对数字经济的定义也延伸到了这三个层面。

三、实体经济

国内外对实体经济并没有统一的定义，实体经济是相对虚拟经济而言的，在厘清实体经济的基本内涵之前需要对虚拟经济的概念做简要阐述。虚拟经济概念的提出最早可追溯到马克思《资本论》中关于虚拟资本的论述，马克思及其追随者在劳动价值论的框架里，对虚拟资本的属性、范围和运行规律做了全面的阐述和探讨。以约翰·凯恩斯和彼得·德鲁克为代表的另一部分学者则从货币和信用的角度，提出了"实体经济"和"符号经济"的概念，符号经济在当时主要指货币、利率、信用规模等变量对经济运行的影响和调节，在内涵上即是后来被广泛提及的虚拟经济。

①《二十国集团数字经济发展与合作倡议》，2016 年 9 月 20 日。

当前，虚拟经济的概念已经形成比较普遍的共识。从狭义的角度来看，虚拟经济常常被指代为所有的金融活动以及经济运行中与金融业密切相关的房地产业；从广义的角度来看，虚拟经济的范围可包含除物质生产活动和相关劳动提供之外的所有经济活动。

相对而言，实体经济是指那些虚拟经济之外的，以物质生产为主要内容的产业和部门，包括在市场上进行的物质产品的生产、流通和交换等经济活动。在现代产业体系中，实体经济主要涵盖农业、工业、交通运输业、商业、建筑业、邮电业等部门。对于本书重点关注的信息技术产业来说，虽然网络相关的经济活动一度也被翻译为“虚拟经济”，但这里的“虚拟”指代的只是比特世界、赛博空间相对于物理世界的虚拟，并非经济学意义上的“虚拟”，现实中基于网络技术、信息通信技术形成的产品和服务能够被实实在在地感知，因此这类经济活动称为网络经济、信息经济更为合理，它们本身也是实体经济的一部分。而基于 ICT 技术本身衍生的相关产业，包括 ICT 硬件制造、软件开发，以及基于互联网、大数据、人工智能等新一代信息技术形成的新兴产业和新模式、新业态，也是实体经济的重要部分。这类新兴产业的快速发展，对壮大实体经济规模发挥了重要作用。与此同时，ICT 具有的渗透性、协同性等技术特征，使得新一代信息技术有望与实体经济领域中的制造业、农业等传统产业相结合，通过提升传统产业的全要素生产率实现实体经济的提质增效。

第二节　相关理论研究

当前，以大数据、物联网、云计算人工智能为代表的新一代信息技术为实体经济的发展带来了新的历史机遇，大数据与实体经济的融合可以促进制造业、建筑业、运输业等传统实体经济部门向产业链顶端转移，扩大高附加值生产环节的规模。本书基于对信息技术产业、数字经济、实体经济等重要概念的辨析，围绕信息技术与生产率、信息技术对经济增长的影响、数字经济及其测算，以及大数据与实体经济融合的前沿——人工智能技术的发展和影响等方面对相关经济学理论进行梳理，从而对大数据与实体经济融合的理论内涵建立起更深刻、更全面的认识。

一、信息技术与生产率

信息技术产业是以技术为核心支撑的产业部门，因此，信息技术产业全要素生产率变化水平在很大程度上能够反映相关产业发展状况。近年来，国内学者的相关研究主要集中在使用非参数方法对信息技术产业全要素生产率及其变动进行测量，大体可以分为三个方向：

（1）针对信息技术产业中某个环节进行的全要素生产率分析。徐盈之和赵豫使用 DEA-Malmquist 指数方法研究了各地区（26 个省份以及相应的东、中、西地区）信息制造业在 1996~2005 年全要素生产率的变动、差异以及相关影响因素，测算出各地区信息技术制造业的全要素生产率平均增长率为 8.6%，并验证了技术进步对全要素生产率增长起到主要的推动作用。徐盈之和赵玥利用同样的方法对中国信息服务业的全要素生产率的变动进行了测算，并分析了全要素生产率的区域差异和趋同性（其分析对象包括 29 个省份以及相应的东、中、西三地区），得出了中国信息技术服务业的全要素生产率绝对趋同与条件趋同并存的结论。任英华等则利用随机前沿分析（SFA）和 DEA-Malmquist 生产率指数方法对中国信息技术服务业的全要素生产率变动进行了测算，并利用 SFA 的效率测算结果进行了空间计量分析，他们认为目前中国的信息技术服务业的技术效率较低，各地区间差异较大。

（2）对信息技术产业整体进行的全要素生产率分析。现有研究基本上都是以上市企业为对象，即选取我国上市公司为决策单元。曹文彬和付亭利用 DEA-Malmquist 生产率指数方法对中国信息技术上市企业 2005~2011 年期间的全要素生产率进行分析，发现整个行业的生产率并不理想，技术水平是其中的重要影响因素，并进一步利用 Tobit 模型对影响因素进行了研究，得出了全要素生产率与公司规模的反效应以及上市年限的正效应。浦正宁等利用上市企业数据（根据证监会上市企业分类指引选取 47 家上市企业为代表）测算了信息技术产业以及细分三大子行业（通信及相关设备制造业、计算机应用服务业和计算机及相关设备制造业）DEA-Malmquist 生产率指数及其分解，发现我国信息技术产业的全要素生产率正在稳步上升，但细分行业的全要素生产率波动较大，且信息技术产业全要素生产率变动主要源自规模效率变动。

（3）对信息技术产业中具体行业全要素生产率变动的测算。朱宗尧和乐嘉锦（2011）利用 DEA-Malmquist 指数法对上海软件产业 2003~2009 年期间的全要素生产率变动进行了测算。张才明等则对我国 10 个上市软件公司进行了 DEA-Malmquist 生产率指数测算及分解。

二、信息技术与经济增长

信息技术或者说 ICT 与经济增长关系的讨论最早出现在美国，这与美国 ICT 革命策源地的地位有着直接关联。20 世纪 80 年代末 90 年代初，以个人电脑为代表，ICT 得到广泛应用，ICT 对经济增长特别是对生产率的提升似乎是显而易见的。"索洛悖论"提出后，很多美国学者着手从实证角度考察 ICT 对经济增长和生产率的影响。Oliner 等从增长核算（Growth Accounting）出发测算 ICT 资本对美国经济增长及劳动生产率的贡献。Oliner 等利用 1970~1992 年的数据发现，ICT 资本对于美国经济增长和劳动生产率的贡献很小，主要原因是相对于经济总量 ICT 资本的规模太小。Stiroh 利用美国 1947~1991 年的分产业数据，分析了计算机与经济增长之间的关系，得出的结论与Oliner等存在较大差异，在全要素生产率方面，计算机生产部门显现出很强的增长势头，而计算机使用部门则不明显；计算机生产部门对20世纪80年代美国经济复苏的重要贡献源于计算机对传统要素投入的替代。2000年前后，美国主流文献基本达成共识，认为ICT在1995~2000年期间的复苏中发挥了重要作用。Jorgenson和Stiroh在增长核算框架下对美国经济增长的分解表明：由于以不变质量计算的ICT服务价格快速下降，ICT对美国经济的增长和复苏有着较大贡献；计算机成本和租赁价格的大幅下降引发了企业和居民支出方向的改变，出现ICT设备对其他产品的大规模替代，因此ICT产品扩散对经济增长的贡献主要来自替代效应。此后，Jorgenson进一步指出，ICT的发展和应用是美国经济复苏的基础，而ICT价格下降则是核心原因。Stiroh则主张，ICT生产部门生产率水平的大幅度提升和大规模的ICT资本深化共同推动了美国生产率复苏。Oliner和Sichel也发现，ICT和计算机产品对于支撑1994年以后美国劳动生产率增长发挥了重要作用。2005年以后，美国生产率下降。Stiroh对ICT能否继续推动经济增长和生产率提升产生了质疑。Byrne等提出，尽管ICT对美国经济增长的促进作用不如1995~2004年期间，但依然为美国生产率的提升提供了持续动力，而ICT本身也仍在以较快步伐前进。

除美国外，针对其他经济体也有不少相关研究。Jorgenson和Vu把研究对象拓展到全球，考察1989~2003年期间ICT投资对世界经济复苏产生的影响，其分解测算结果表明，ICT投入增长主导了各国经济增长，所有地区的ICT投资都出现增长，而发达经济体和亚洲新兴发展国家的增长更为明显。Shahiduzzaman和Alam对澳大利亚的实证分析则表明，20世纪90年代ICT资本对于澳大利亚宏观经济增长、劳动生产率提升和技术进步都有显著促进作用，不过近年来ICT资本对上述的作用效果明显下降。Erumban和Das以及Vu对印度和新加坡进行的测算同样表明ICT投资在经济增长中发挥重要作用。亚洲生产率组织（Asian Productivity Organization，APO）也采用增长核算框架测算了 ICT 资本对亚洲各国经济增长的贡献，从测算结果来看，亚洲各国 ICT 资本对经济增长的贡献存在较大差异。

前述 Jorgenson、Stiroh、Oliner 和 Sichel 等测算的主要是 ICT 对经济增长的替代效应，它源于 ICT 生产部门自身技术进步和生产率提升带来的 ICT 产品价格下降。与此同时，ICT 在信息产生、存储和传递方面发挥着重要作用，能够增强生产过程中要素间的协同性，降低信息不对称带来的市场失灵，应该有助于使用部门 TFP 提升，而这正是 ICT 的渗透效应。Bresnahan 和 Trajtenberg 的开创性研究将渗透效应看作是 GPT 的重要特征和一种规模报酬递增现象，渗透效应使得 GPT 能够影响生产率。Stiroh、Erumban、Das 和 Vu 也注意到 ICT 使用部门生产率的提升及其对增长的间接作用，但没有将 ICT 使用部门的替代效应与渗透效应明确区分。近年来，随着产业和微观企业数据的日益丰富，不少研究从实证角度考察由 ICT 渗透性特征对经济增长和生产率提升所带来的间接影响。Ketteni 利用产业层面数据，估算 ICT 对不同产业生产率所产生的影响，结果表明：ICT 对生产率有着正向影响，但影响程度会随时间和行业的不同而变化，在 ICT 渗透到不同行业的过程中，围绕新技术的应用必然会涉及生产组织结构重新调整、工人技能培训等所谓“调整成本”，调整成本的大小也会制约 ICT 资本作用的发挥。Fueki 和 Kawamoto 利用 1975~2005 年日本分行业数据的测算表明，生产率提升不仅存在于 ICT 生产部门，同样也广泛存在于 ICT 使用部门，由于互补性人力资本积累需要时间，ICT 使用部门生产率的提升在时间上有着 5~10 年的滞后。Bartel 等利用阀门产业企业微观数据的实证结果表明，ICT 资本的应用能够缩短生产的准备时间、运行时间和检测时间，提升生产过程中各环节的效率，为降低生产转换成本、实现定制化生产创造了前提条件。

国内学者关于 ICT 与经济增长及生产率的相关研究基本都在 2000 年以后。北京师范大学经济与资源管理研究所课题组在对 ICT 产业统计口径进行界定的基础上，从行业规模估算角度测算了 ICT 对 GDP 增长的贡献，并结合美国 ICT 产业发展态势对中国 ICT 产业发展进行展望。毛建强等则以“索洛悖论”为出发点，就“索洛悖论”涉及的不同理论和解释进行了述评。徐升华和毛小兵在分析信息产业对经济增长直接效应和间接效应的基础上，依托索洛增长模型估算技术进步、劳动投入、资本投入对中国信息产业增长的贡献度，并测算信息产业对中国经济增长的拉动作用。王宏伟借鉴乔根森相关定义将各产业划分为 ICT 生产业、ICT 应用业和非 ICT 产业三大类，测算信息产业 TFP 及其对经济增长的贡献。近来，张之光等采用参数估计和向量自回归等计量工具，测度 ICT 对中国经济的影响，但其实证结果并不一致。除了实证测算外，周勤等人还尝试着以新兴古典理论为基础，构造微观数理模型，刻画 ICT 影响经济增长的内在机制，并特别强调 ICT 所产生的网络效应对经济增长的支撑作用。蔡跃洲和张钧南明确信息通信技术（ICT）对经济增长的影响可分为替代效应和渗透效应。其中，前者是由技术进步带来 ICT 产品价格下降，从而实现 ICT 资本对其他资本的替代，支撑经济增长；后者则是 ICT 作为通用目的技术能渗透和应用于各产业部门，提高其全要素生产率（TFP），进而间接促进经济增长。蔡跃洲和张钧南进一步依托 Jorgenson 及 OECD 的增长核算框架，对 1977~2014 年期间中国经济增长的来源进行细致分解，据以分析 ICT 的两种效应。实证结果表明：2010 年以后 ICT 替代效应对中国经济增长的贡献度接近 10%；而进一步的计量分析也印证了 ICT 渗透效应的存在。

三、数字经济及其测算

信息技术（特别是大数据等新一代信息技术）与实体经济的融合是

数字经济的重要组成部分，对这部分经济增长贡献的测算从 20 世纪 90 年代起就成为各国研究的重点，其中最有代表性的是美国和经济合作与发展组织（OECD）的测算。美国商务部电子商务秘书处、美国人口统计局等机构针对数字经济的内涵和测算先后发布专题报告。在 2000 年前后，信息通信技术（或数字技术）对经济社会的渗透主要集中在电子商务领域，因此，无论是政府机构还是学术界对数字经济的界定和测算基本都围绕电子商务展开。Mesenbourg 明确将数字经济的构成分为三部分，即支撑的基础设施、电子商务流程（交易是如何实现的）和电子商务交易（在线出售商品或服务）。Margherio 等也是从电子商务出发探讨数字经济的测度，并主张 IT 革命的经济社会影响以及用户群体的构成特征。Haltiwanger、Jarmin，以及 Moulton 则结合前述学术论文和政府研究报告，从数据收集、调查统计、资本存量估算、价格指数调整等方面探讨了数字经济对 GDP 贡献测算的一些技术细节。2010 年前后，欧盟委员会和经济合作与发展组织（OECD）针对日益兴起的数字经济和信息社会开展了一系列系统性的统计和测算工作。OECD 信息社会指标工作小组围绕信息社会开展的统计和测算工作，旨在开发出一套规范的统计标准和定义，为 OECD 信息计算机通信政策委员会提供准确的决策参考信息。OECD 关于信息社会（数字经济）的测算不再仅限于增加值或增长贡献度的测算，而是对信息社会（数字经济）发展程度的全方位考量。后续欧盟委员会和 OECD 有关数字经济的统计测算工作也基本延续了上述思路。2014 年，OECD 出版的报告《测算数字经济：一个新视角》，测算内容包括“智能基础设施投资”、“增强社会活力”、“释放创新创造能力”、“促进增长带动就业”等诸多方面。

我国的学术和智库机构在数字经济测算方面也做出了诸多尝试，其中比较有代表性的是中国信息化百人会课题组的测算，中国信息化百人会自 2015 年起每年发布的信息经济/数字经济报告中，以生产法核算与效率提升测算相结合的方法对中国数字经济规模及对GDP的贡献度进行了测算。

四、大数据与实体经济融合的前沿：人工智能的发展和渗透

近年来，人工智能（Artificial Intelligence，AI）技术的快速发展和应用逐渐成为新一代信息技术发展的最前沿，在与大数据、物联网、云计算等技术的深度融合下，大量人工智能场景被开发，对经济增长、就业、创新、商业模式等方面产生了巨大的影响，引起了经济学界的广泛关注和讨论。Aghion等围绕AI对经济增长的潜在影响，探讨了生产过程中的资本—劳动力替换、企业组织和市场结构调整、"奇点"和"超级智能"等问题和概念，梳理了AI与经济增长领域的相关问题，旨在为该领域提供一个新的研究框架。Brynjolfsson等从长期存在的"索洛悖论"出发，就人工智能领域快速进步并未带来明显的生产率改善的现状给出了几种解释：一是人工智能的核心优势尚未完全成熟或渗透至经济领域；二是人工智能作为一种通用目的技术，技术红利的释放需要一系列与之互补的创新技术等因素的发展与实施。Brynjolfsson等对AI技术的进步及其对未来经济发展的影响持乐观态度，主张同时发展与AI匹配的互补因素，在个人、机构和社会等多层面做出相应调整，以充分发挥AI等新技术的优势。Mokyr从经济发展史的视角探讨了当前经济增长的可持续性以及经济福利增速放缓的内在原因。Autor和Salomons则从实证角度探讨了机器人时代，AI等技术在提高生产率的同时给就业带来的影响。基于19国35年数据的分析结果显示，宏观经济生产率的提升会增加而不是降低劳动就业率。除了生产率、就业率之外，AI技术对创新活动、国际贸易的影响也引起了关注。Cockburn等关注AI作为一种全新的通用型发明方法，对创新过程本身的影响。在回顾AI发展历史基础上，Cockburn等区分了以自动化应用为目的的AI技术（如机器人）与以创新为目的的通用

型 AI 技术（如深度学习），进而考察了 AI 对创新产出（论文和专利）的量化影响，总结了上述 AI 技术特征对创新流程组织和管理的影响机制，并给出了相应的政策和机制调整建议。Goldfarb 和 Trefler 则探讨了 AI 发展给国际贸易及相关政策制定所带来的潜在影响。Goldfarb 和 Trefler 对 AI 技术的规模经济、范围经济和知识外溢等特点进行了归纳，在此基础上提出 AI 行业的贸易基准模型和限制条件，并就相关政策的制定给出了建议。

在产业层面，国内学者围绕人工智能与制造业转型升级，或者说智能制造这一主题开展了不少理论实证研究。由于智能制造总体来说是一种新事物，国内很多研究将重点放在对相关概念、内涵、模式、发展路径及影响因素等的梳理上。杨叔子和丁洪评述了智能制造的研究背景和发展现状，指出智能制造研究领域主要包括智能制造技术（IMT）与智能制造系统（IMS），同时强调了智能制造从属于 21 世纪先进制造范畴，并分析了智能制造发展过程中存在的问题。赵亚波阐述了智能制造技术的概念及其现实背景。同时指出智能制造技术（IMT）是制造技术、自动化技术、系统工程与人工智能等学科互相渗透、互相交织而形成的一门综合技术。智能制造系统的目标就是将人工智能融入制造过程的各个环节。熊有伦从产业交叉融合的角度对智能制造进行了阐述，指出智能制造是工业化和信息化深度融合的产物，并概括了智能制造的范围：智能制造技术、智能制造装备、智能制造系统和智能制造服务及衍生出的各类智能产品。虽然学界对智能制造理解的侧重点不同，但总体上可以概括为两个层面：一是制造设备、产品的智能化，二是制造过程、管理的智能化。前者关注制造对象，后者关注制造主体，后者的研究正受到越来越多学者的重视。针对智能制造的模式、发展路径以及影响因素，国内学者大都是在借鉴国外先进经验的基础上展开相应研究。例如，张爽生以经济全球化为背景，分析了新时代背景下企业生产制造所面临的问题，提出需借鉴发达国家的经验，对中国企业生产经营模式进行改造。还有部分研究从制造业转型升级出发，探讨人工智能在中国制造业产业升级中发挥的作用。丁纯和李君扬从德国“工业 4.0”的动因、内容、前景等方面入手，介绍了德国制造业智能化的特点和发展趋势，并给出了中国应对全球制造业变革的对策建议。杜晓君和张序晶研究了国外发达国家制造业升级路径，总结了国外经验对中国制造业转型升级的启示和借鉴意义。陈雪琴针对高端制造向发达国家回流，低端制造向东南亚等国转移这一新形势，指出中国制造业亟须从要素驱动转型升级为效率驱动、创新驱动，并强调需积极开展智能制造试点示范，提升制造业的智能化，推动产业升级。

参考文献

[1] Machlup F. The Production and Distribution of Knowledge in the United States [M]. Priceton, NJ: Princeton University Press, 1962.

[2] 金建. 信息产业：形成过程与发展走势 [J]. 经济研究，1992（9）：64-70.

[3] Porat M U, Rubin M R. The information economy（9 volumes）[J]. Office of Telecommunications Special Publication, 1977（77）: 12.

[4] Margherio L, Henry D, Cooke S, et al. The Emerging Digital Economy [R]. Washington, DC: US Department of Commerce, 1998.

[5] Henry D K, Buckley P, Gill G, et al. The Emerging Digital Economy Ⅱ [R]. Washington, DC: Department of Commerce, 1999.

[6] Buckley P, Montes S, Henry D, et al. Digital economy 2000 [R]. Washington, DC: US Department of Commerce, 2000.

[7] 赵正龙. 信息产业定义与范畴的新界定 [J]. 科学学研究，2003（z1）：51-59.

[8] 董爱军. 信息产业链创新的模式研究 [D]. 武汉：武汉理工大学，2011.

[9] 北京师范大学经济与资源管理研究所课题组. 信息技术产业对国民经济影响程度的分析 [J]. 经济研究，2001（12）：17-26.

[10] 中国信息通信研究院. 中国信息经济发展白皮书 2015 [R]. 2016.

[11] Haltiwanger J, Jarmin R. Measuring the Digital Economy [M] //Brynijolfsson E, Kahin B. Understanding the Digital Economy: Data, Tolls, and Research. Cambridge, MA: The MIT Press, 2000.

[12] Malecki E J, Moriset B. The Digital Economy: Business Organization, Production Processes and Regional Developments [M]. London & New York: Routledge, 2007.

[13] OECD. OECD Digital Economy Outlook 2015 [R]. 2015.

[14] 马克思. 资本论：第三卷 [M]. 北京：人民出版社，2004.

[15] 凯恩斯. 货币论 [M]. 何瑞英，蔡谦，等，译. 北京：商务印书馆，2009.

[16] 彼得·德鲁克. 管理的前沿 [M]. 许斌，译. 北京：企业管理出版社，1988.

[17] 刘骏民. 从虚拟资本到虚拟经济 [M]. 济南：山东人民出版社，1998.

[18] 成思危. 虚拟经济探微[J]. 南开学报：哲学社会科学版，2003 (2)：23-28.

[19] 王国刚. 关于虚拟经济的几个问题 [J]. 东南学术，2004 (1)：53-59.

[20] 蔡跃洲，付一夫. 全要素生产率增长中的技术效应与结构效应——基于中国宏观和产业数据的测算及分解 [J]. 经济研究，2017 (1)：72-88.

[21] 徐盈之，赵豫. 中国信息制造业全要素生产率变动、区域差异与影响因素研究 [J]. 中国工业经济，2007 (10)：45-52.

[22] 徐盈之，赵玥. 中国信息服务业全要素生产率变动的区域差异与趋同分析 [J]. 数量经济技术经济研究，2009 (10)：49-60.

[23] 任英华，樊帆，吴宏丹. 信息服务业技术效率影响因素的空间计量分析 [J]. 统计与决策，2013 (2)：93-97.

[24] 曹文彬，付亭. 基于 DEA-Tobit 模型的 IT 行业上市公司经营绩效的实证研究 [J]. 经济问题，2013 (6)：90-94.

[25] 浦正宁，孙霄凌，金晓月. 信息产业行业内生产率变动及影响因素的差异探究——基于中国上市公司公开数据的实证 [J]. 审计与经济研究，2014 (6)：94-102.

[26] 张才明，周正卿，王烨. 我国上市软件公司全要素生产率实证研究 [J]. 技术经济与管理研究，2011 (2)：7-12.

[27] Oliner S D, Sichel D E, Triplett J E, et al. Computers and output growth re-

visited: How big is the puzzle? [J]. Brookings Papers on Economic Activity, 1994 (2): 273-334.

[28] Stiroh K J. Computers, productivity, and input substitution[J]. Economic Inquiry, 1998, 36 (2): 175-191.

[29] Jorgenson D W, Stiroh K J. Information technology and growth [J]. American Economic Review, 1999, 89 (2): 109-115.

[30] Jorgenson D W. Information technology and the US economy [J]. American Economic Review, 2001, 91 (1): 1-32.

[31] Stiroh K J. Information technology and the US productivity revival: What do the industry data say? [J]. American Economic Review, 2002, 92 (5): 1559-1576.

[32] Oliner S D, Sichel D E. The resurgence of growth in the late 1990s: Is information technology the story? [J]. Journal of economic perspectives, 2000, 14 (4): 3-22.

[33] Stiroh K. Information technology and productivity: Old answers and new questions [J]. CESifo Economic Studies, 2008, 54 (3): 358-385.

[34] Byrne D M, Oliner S D, Sichel D E. Is the information technology revolution over? [J]. SSRN Electronic Journal, 2013.

[35] Jorgenson D W, Vu K. Information technology and the world economy [J]. Scandinavian Journal of Economics, 2005, 107 (4): 631-650.

[36] Shahiduzzaman M, Alam K. Information technology and its changing roles to economic growth and productivity in Australia [J]. Telecommunications Policy, 2014, 38 (2): 125-135.

[37] Erumban A A, Das D K. Information and communication technology and economic growth in India [J]. Telecommunications Policy, 2016, 40 (5): 412-431.

[38] Vu K M. Information and communication technology (ICT) and Singapore's economic growth [J]. Information Economics and Policy, 2013, 25 (4): 284-300.

[39] Bresnahan T F, Trajtenberg M. General Purpose technologies "Engines of growth"? [J]. Journal of Econometrics, 1995, 65 (1): 83-108.

[40] Ketteni E. Information technology and economic performance in US industries

[J]. Canadian Journal of Economics/Revue canadienne d'é conomique, 2009, 42 (3): 844-865.

[41] Fueki T, Kawamoto T. Does information technology raise Japan's productivity? [J]. Japan and the World Economy, 2009, 21 (4): 325-336.

[42] Bartel A, Ichniowski C, Shaw K. How does information technology affect productivity? Plant-level comparisons of product innovation, process improvement, and worker skills [J]. The Quarterly Journal of Economics, 2007, 122 (4): 1721-1758.

[43] 姜建强，乔延清，孙烽. 信息技术革命与生产率悖论 [J]. 中国工业经济，2002 (12): 21-27.

[44] 徐升华，毛小兵. 信息产业对经济增长的贡献分析 [J]. 管理世界，2004 (8): 75-80.

[45] 王宏伟. 信息产业与中国经济增长的实证分析 [J]. 中国工业经济，2009 (11): 66-76.

[46] 张之光，蔡建峰. 信息技术资本、替代性与中国经济增长——基于局部调整模型的分析 [J]. 数量经济技术经济研究，2012，29 (9): 71-81.

[47] 张之光，于睿，史耀波. 信息技术投资与中国经济增长：基于向量自回归模型的分析 [J]. 系统工程，2014 (5): 75-81.

[48] 周勤，张红历，王成璋. 信息技术对经济增长的影响 [J]. 贵州社会科学，2012 (12): 115-110.

[49] 蔡跃洲，张钧南. 信息通信技术对中国经济增长的替代效应与渗透效应 [J]. 经济研究，2015，50 (12): 100-114.

[50] Mesenbourg T L. Measuring the Digital Economy [R]. US Bureau of the Census, 2001.

[51] Moulton B R. GDP and the Digital Economy: Keeping up with the Changes [M] // Erik Brynjolfsson. Understanding the Digital Economy: Data, Tools, and Research. Cambridge and London: MIT Press, 2000: 34-48.

[52] Publishing O, Co-operation O F E, Development. OECD Guide to Measuring the Information Society 2011 [M]. Organisation for Economic Co-operation and Develop-

ment, 2011.

[53] Publishing O, Serra-Vallejo C, Montagnier P, et al. Measuring the Digital Economy: A New Perspective [M]. OECD Publishing, 2014.

[54] 中国信息化百人会课题组. 信息经济崛起: "物联网+" 时代产业转型路径、模式与趋势 [M]. 北京: 电子工业出版社, 2017.

[55] 中国信息化百人会课题组. 信息经济崛起: 重构世界经济新版图 [M]. 北京: 电子工业出版社, 2015.

[56] Aghion P, Jones B F, Jones C I. Artificial Intelligence and Economic Growth [R]. National Bureau of Economic Research, 2017.

[57] Brynjolfsson E, Rock D, Syverson C. Artificial intelligence and the modern productivity paradox: A clash of expectations and statistics [M] //Agrawal A, Gans J, Goldfarb A. Economics of Artificial Intelligence. Chicago, IL: University of Chicago Press, 2019.

[58] Mokyr J. The Past and the Future of Innovation: Some lessons from Economic History [J]. Explorations in Economic History, 2018.

[59] Autor D, Salomons A. Robocalypse Now: Does Productivity Growth Threaten Employment? [R]. National Bureau of Economic Research, 2017.

[60] Cockburn I M, Henderson R, Stern S. The Impact of Artificial Intelligence on Innovation [R]. National Bureau of Economic Research, 2018.

[61] Goldfarb A, Trefler D. AI and Trade [M] //Agrawal A, Gans J, Goldfarb A. Economics of Artificial Intelligence. Chicago, IL: University of Chicago Press, 2017.

[62] 杨叔子, 丁洪. 智能制造技术与智能制造系统的发展与研究 [J]. 中国机械工程, 1992, 3 (2): 15-18.

[63] 赵亚波. 智能制造 [J]. 工业控制计算机, 2002, 15 (3): 1-4.

[64] 熊有伦. 智能制造 [J]. 科技导报, 2013, 31 (10): 3.

[65] 张爽生. 全球信息化与我国企业生产模式 [J]. 科技进步与对策, 2000, 17 (1): 103-104.

[66] 丁纯, 李君扬. 德国 "工业 4.0": 内容, 动因与前景及其启示 [J]. 德国研

究，2014（4）：49-66.

［67］杜晓君，张序晶. 发达国家制造业高技术化的国际经验［J］. 中国科技论坛，2003（4）：116-119.

［68］陈雪琴. 国际制造业转移新趋势下的我国产业价值链升级路径［J］. 经济研究参考，2014（46）：39-43.

第四章
大数据产业生态及创新模式

第一节　大数据产业生态构成

Tansley 于 1935 年首次正式提出“生态系统”（ecosystem）一词，它是指在一定时间和空间范围内由生产者、消费者、分解者及非生物的物质和能量之间相互作用所构成的统一体。

信息生态系统理论诞生于 20 世纪 90 年代，David 和 Thomas 将它表述为复杂的信息环境、信息人以及信息之间的相关关系及相互作用。靖继鹏认为信息生态系统是由人、信息、信息环境所构成的具有自我调节功能的人工系统。2017 年 IBM 的架构师史蒂芬·沃特（Stephen Watt）提出大数据生态系统实际上就是数据的生命周期，即数据采集、存储、查找、分析和可视化的过程。因此，基于信息生态系统概念并结合大数据自身特点，大数据生态系统是以新一代信息技术为生态依托，基于数据生命周期全过程所形成的有机复杂系统。基于 Demchenko 等提出的大数据生命周期管理模型所构建的大数据生态系统如图 4-1 所示。

大数据生态系统的构成分为三部分：大数据主体（大数据生产者、大数据传递者、大数据消费者），大数据环境（外部环境与硬件环境），大数据技术（机器学习、人工智能等）。

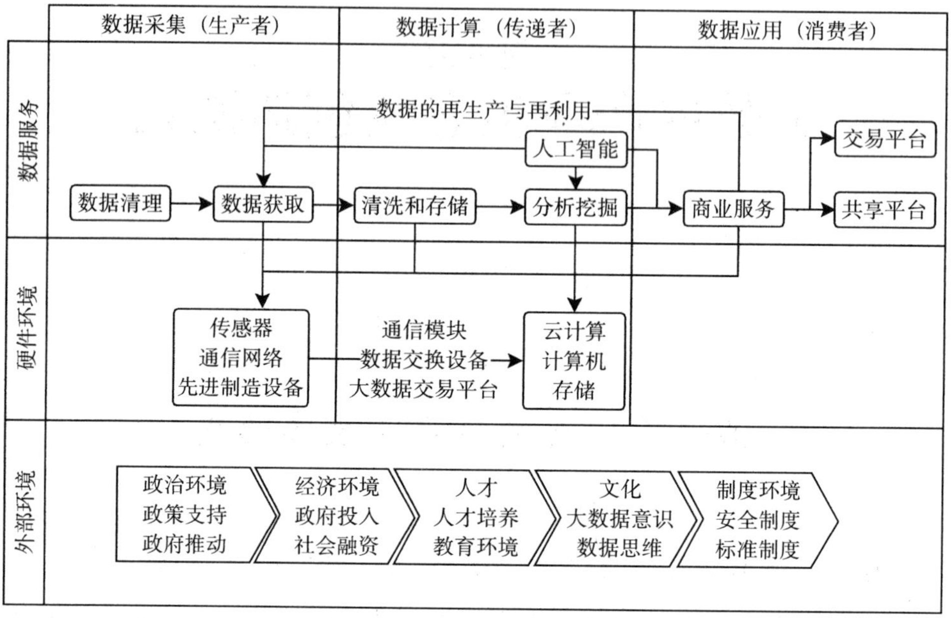

图 4-1　大数据生态系统图

大数据是将大数据产业生态系统其他要素连接基础要素，大数据生产者是指产生大数据的个人、群体、机器。产生大数据生态系统的运行的数据资源，另外数据活动产生的数据，以及再生产再加工产生的新数据都属于大数据。大数据传递者作为大数据分析计算过程，它是将大数据各个活动连接起来，也是大数据产业发展的最重要的环节。数据计算技术的发展，例如机器学习、人工智能等，需要依赖更多的专业计算服务器，并催生了云计算、计算存储技术、搜索技术的产生。大数据消费者是指对大数据分析结果有需求的政府、企业、个人。大数据消费者通过大数据市场获取数据分析结果辅助其进行分析和决策，是实现数据价值创造，并促进大数据产业发展，形成大数据生态演化的驱动力，促进大数据生态系统的动态循环发展。

一、大数据产业生命周期

（一）数据采集

数据采集是数据产生、获取阶段，是大数据的重要基础支撑。数据的产生是大数据生态系统形成与运行的核心，数据源作为大数据生态系统内的数据生产者，其多样化可为大数据生态系统提供资源保障。随着移动互联网的普及，用户在应用中不仅产生了大量网络行为（社交、购物、支付等）数据，而且还有大量的事件数据（时间、地点等）。随着工业互联网的发展，传统行业也积累了海量数据（生产、效率、事件等），政府拥有海量的政务大数据与民生大数据。

数据获取是指获得数据的过程。早期数据交换没有统一的交换标准，需要大量的人工进行数据的记录、抓取、清理。随着计算算力的提升，以及物联网的应用，实现了数据自动获取。人工智能技术的出现，例如机器视觉、语音识别、知识图谱等技术的出现，使得非结构化的数据（语音、图像、视频等）也能被实时获取。

（二）数据清理（大数据服务的初级阶段）

数据清理即对数据获取阶段所得到的数据进行清洗，分门别类地存储于数据存储系统中，形成数据仓库。随着数据量的爆发式增长，大数据生态系统对存储技术提出了更高的要求，存储系统不仅需要更大的容量，同时需要具备安全性和永久性，还要便于数据的存储与提取。

（三）数据分析与挖掘阶段（大数据服务的高级阶段）

该阶段根据商业场景需求，利用数据分析及数据挖掘技术对海量数据进行处理，既要满足需求，也要在数据间建立关联，实现数据价值。数据分析与挖掘阶段是海量数据价值实现的重要过程，也是大数据生态系统实现演进发展的关键环节。

（四）融合应用（大数据的价值实现）

融合应用是实现大数据价值的应用阶段。即：通过数据可视化、搜索引擎、人工智能等数据技术展现数据结果，其结果可为企业和政府提供决策依据、发现潜在市场机遇、帮助科研人员识别研究问题、辅助政府部门制定政策等。主要应用包括：政府大数据（互联网+政务）、城市大数据（智慧城市）、农业大数据（互联网+农业）、工业大数据（互联网+工业）、消费大数据（互联网+营销）等。

二、大数据生态系统的运行特征

（一）生态系统的多样性

生态系统的多样性是指一个地区的生态多样化程度。用于大数据生态中，无论是数据源生成、数据分析和管理的方法与模式，还是数据的应用都具有多样性。这种多样性可能是外部环境的多样性，技术发展路线的多样性，以及面对市场环境的多样性，等等。

（二）生态系统的可持续性

大数据生态系统的可持续性战略，主要有三个指向：一是在生产活动开始之初，利用大数据对资源、环境等做出详尽的评估和分析，选取恰当的生产模式，以实现可持续发展的目的；二是生产活动时，利用大数据对生产活动进行监控和调整，使其围绕可持续生产的战略目的进行；三是在生产活动结束后，利用大数据，对生产活动的每一个阶段进行系统的分析和评估，对生产过程当中的有利于可持续发展的行为进行定性和引入标准化进程，对于不利于可持续发展的行为进行严厉批评和及时更正。

（三）生态系统的稳定性

稳定性是指具有保持或恢复自身结构和功能的相对稳定的能力。生态系统的稳定性是指大数据生态网络结构以及生态中的组织数据共享能力。生态系统的稳定性主要是指抵抗风险的能力。在产业生态中，合理地利用大数据能帮助成员企业规避风险，提前对生态环境和市场进行预测，能大大提升生态的稳定性。同时，利用大数据技术能方便企业对生态活动进行记载、监控和管理，及时将储存的信息可视化，提升生态生产效率、运营的能力。

第二节　大数据产业发展创新模式

根据美国产业技术全景图分析比较大数据产业创新的能力。2012 年 Bloomberg Venture 发布了大数据产业全景图 2.0 版本，将数百个大数据创业公司和 IT 厂商根据产品和商业模式划分为 38 种。38 种商业模式和产品按照产业链条划分为六大类。全景图 2017 版本中，依然将大数据产业划分为六大类，但是每个大类又细分为 75 个小类，并包含了世界上主要国家的企业的产品和商业模式的相关信息，完整地描述了大数据的产业生态，可以客观地反映出大数据产业发展的现状（见图 4-2）。

根据大数据生态，我国的大数据产业链可划分为基础设施、数据源、分析应用、开源软件 4 个环节。我国大部分企业主要集中在分析应用环节，在这一环节，中美热点相似度较高，都包括广告优化、营销、金融、产业、政府、健康、教育、安全等。而在基础设施、开源软件领域，技术门槛高，专业性强，基本上美国处于垄断地位，美国的大数据公司主要集中在这两个环节，而我国极少有企业进入这一领域。目前我国的大数据产业链还不完善，在大数据产业链高端环节仍然缺少成熟的产品和服务。

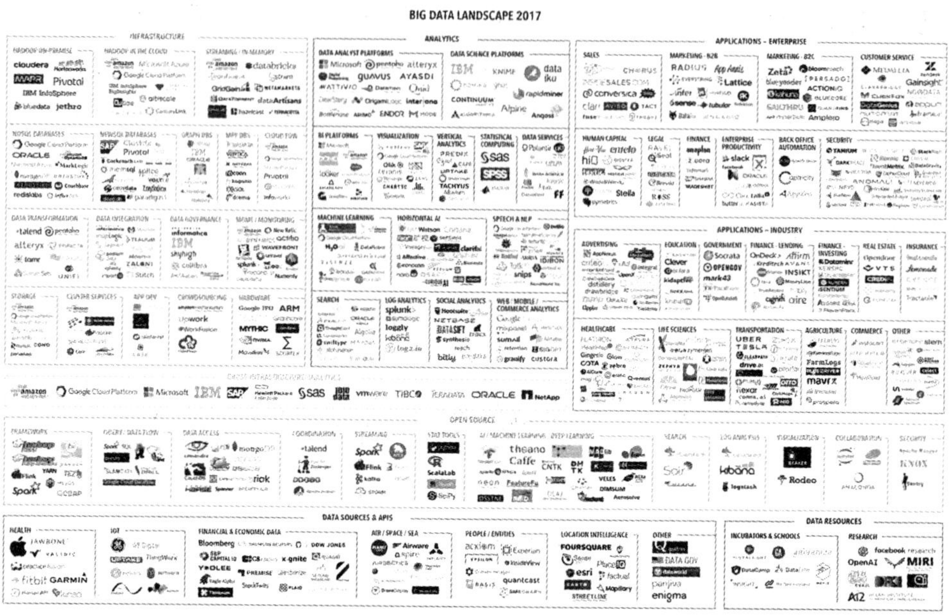

图 4–2　美国产业技术全景图

一、大数据产业生态的两种主要形式

（一）资源型大数据产业生态

贵阳大数据产业属于资源型大数据产业生态，主要是依赖当地丰富的自然资源、廉价的电力和劳动力资源、优惠的投资政策，基于低成本低风险战略逐步形成和发展的。而随着产业集群的不断壮大，经济效益的极速提升将带来新挑战，自然资源具有有限性，当地人才不能满足企业的技术需求，以及资本所形成的经济效益和社会效益也会不断减弱。

（二）创新型大数据产业生态

创新型产业生态具有更强的竞争力和生命力，能更好地规避资源匮乏对集群发展的束缚。创新型产业集群的竞争优势除了资源、渠道外，更多的是指技术创新和市场触觉，同时，整个生态系统的复杂性大大提高了管理难度。因此，建立大数据战略，对提高集群对信息的敏锐度、提升集群的管理技能等尤其重要。

二、大数据产业集群发展动力机制

对于大数据产业集群而言，集群外部环境的刺激与集群系统内部各主体的非线性作用，从外部与内部两方面形成了集群发展的动力机制。

首先是集群发展的内在动力。从大数据产业集群内部来看，动力主要来源于收益的吸引力、创新成果的推动力、创新文化的号召力和企业高层的领导力等方面。一是收益吸引力。企业是以营利为目的的经济实体，因此发展的主要动力在于成长预期的利益诱导。二是创新成果的推动力。随着时间的推移，创新成果在集群成员之间传播、推广及应用，加速了知识的传播和交流的效率，激发了创新者的思维和活力，使企业根据新的创新平台和自身情况进行再次创新，持续提升集群的整体创新能力。三是创新文化的号召力。创新文化是指在创新及创新管理活动中形成的创新价值观、创新态度、创新准则及规范。它以文化的形式影响集群内主体的行为，是大数据集群发展的柔性动力源。

其次是集群发展的外在动力。外在动力主要来源于政府推动、科技进步助力、市场需求拉力等方面。政府推动在大数据产性形成初期尤为重要，政府部门在大数据产业集群发展系统中主要起到政策制定、协调、规范与监管等作用，保护集群内外交易各方的正当利益，减少协同与合作过程中的摩擦，降低新兴产业主体的创新风险，此外通过减税、补贴、提供公共产品等方式鼓励企业创新，推动大数据产业集群内企业的发展。科技转化生产力的过程是将新技术加以应用的过程，同时，科技的进步也直接推动或催生新一轮产业集群的发展，并直接推动大数据产业的发展。市场需求是企业活动的起点和终点。企业的活动是为了更好地满足不断发展的市场需求，市场需求成为大数据产业集群持续发展的重要动力。科技进步推动力也是集群发展的重要动力。

大数据产业作为现代产业群中一个新兴产业，对促进数据资源的深度开发，推动信息经济发展有着极大的促进作用，因此，应采取“跨区域”、“跨业态”、“跨业界”的发展模式，促进大数据产业的可持续发展。

（1）跨区域发展。以政府为主导，结合区域产业基础、人才资源、地理空间等要素，发展产业集聚效应，引导大数据产业技术和服务优势企业在大数据产业基地和创新基地集聚发展，鼓励各区域和各种社会投资主体建设大数据产业园，支持大数据产业公共服务平台与配套设施建设。

（2）跨业态发展。大力发展大数据环境下的新兴服务业态，培育新兴产业态势。发展大数据在技术研发外包、软件服务外包、生物医药外包、动漫创意外包、金融服务外包和供应链管理外包等方面的外包服务，形成具有自主知识产权和较强国际竞争力的核心技术和产品群。推动移动互联网产业发展，推动大数据技术与服务模式的融合创新，推动大数据产业服务的商业化运营，围绕数据租售、信息租售、数字传媒、数据使用、数据空间租赁、数据技术服务等商业模式，支持大数据产业的服务创新和商业模式创新。

（3）跨业界发展。建设面向经济建设、社会管理、智能化生活领域的公共信息服务平台，提高大数据在通信、旅游、教育、交通、医疗等社会领域的应用水平，以此推动信息服务业的发展。丰富信息产品和信息消费内容，培育和催化在基础性通信服务、信息化数字产品、信息化智能产品、信息化终端产品和信息化平台服务等领域的消费。

三、贵州省大数据产业发展经验

（一）政府推动，需求牵引

大数据产业作为新兴产业的形成主要依托于技术成熟，大数据产业形成的标准是形成基于大数据产业链的紧密联系的企业集群。大数据产业发展早期，往往存在市场与技术路径不确定、试错成本高、发展动力不足的问题。而来自特定项目和政府采购的需求能够激发企业内部经营活动，同时催生特定服务需求。所以政府应作为大数据产业的重要推动力量，培育良好的产业发展生态环境，推动大数据应用市场化。

（二）共享数据，完善大数据产业链

大数据产业不仅仅是建立数据存储和运算的中心，更应是信息数据生产、分析和处理的基地。大数据的发展需要开源、开放的数据，因此应鼓励掌握医疗、交通、教育等公共信息资源的政府部门在保证国家信息安全与个人隐私的前提下开放数据，实现数据资源共享。共享数据的价值要得到体现，其前提是企业能够获得安全可靠的海量数据信息，利用数据分析、挖掘技术，对企业内外部环境、生产状况、协作情况进行实时监控和分析。所以还应打破“数据孤岛”，进行整合，不断增加大数据生态系统的入库数据量并及时更新入库数据。

（三）高度重视产业安全

1. 数据安全，建立数据安全保护体系

随着大数据技术的发展，网络数据安全和用户隐私保护显得尤为重要。首先，应加强对涉及国家安全数据的监管，并明确监管领域与范围，规范数据使用流程和权限，增强数据管理人员与操作人员的安全意识，针对重点领域制定详细的数据安全管理制度。依托贵州的先发优势，组织建立数据安全标准，建议数据全方位保护体系（保密控制、安全检查、攻击监控、加密通信等）。

2. 产业安全，加快核心技术的引进

虽然贵州大数据发展速度惊人，但主要依托于自然环境优势，目前没有形成产业集聚。为此，不但要引入具有核心技术的大型数据公司，同时要依托于大数据生态系统，实现核心技术的研发和引进，摆脱对国外开源软件和国外服务器产品的依赖，逐步实现产业链安全。如以数据分析技术为中心，加强人工智能、数据挖掘、算法设计等领域的研究，并依托贵州资源落实产业应用，实现产业集聚。

参考文献

[1] Tansley A G. The use and abuse of vegetational concepts and terms [J]. Ecology, 1935, 16 (3): 284-307.

[2] David L. Altheide. An Ecology of Communication: Cultural Formats of Control [M]. NY: Aldinede Gruyter, 1995.

[3] Thomas H D. Information Ecology: Mastering the Information and Knowledge Environment [M]. Oxford: Oxford University Press, 1997.

[4] 靖继鹏. 信息生态理论研究发展前瞻 [J]. 图书情报工作, 2009 (2): 5-7.

[5] Stephen Watt. Deriving New Business Insights with Big Data [EB/OL]. http: //www.ibm.com/developerworks/library/os-bigdata.2017.

[6] Demchenko Y, Ngo C, Membrey P. Architecture Framework and Components for the Big Data Ecosystem [J]. Journal of System and Network Engineering, 2013: 1-31.

第五章
大数据与实体经济深度融合的机制、模式与路径

第一节　大数据与实体经济深度融合的机制

贵州实施大数据战略，推动经济和社会持续、健康发展，探索出一条适合自身发展的新路。贵州不仅创造了一个全新的大数据产业，还促进了实体经济的转型升级，提升了政府管理和办事效率，提高了公共服务质量。贵阳在推动大数据与实体经济融合的过程中，在体制机制上进行创新，做了一系列有益探索。

一、坚持顶层设计和布局

贵州省各级政府非常重视发展大数据工作，把发展大数据提到了战略高度。“十三五”期间，贵州省提出了“大扶贫、大数据、大生态”三大战略，为贵州未来发展指明了目标和方向。在贵州，随处可见三大战略的醒目标语，可见三大战略已经深入人心。“大扶贫”战略更侧重于民生和社会包容性发展，“大生态”战略侧重于环境保护和生态可持续发展，“大数据”战略更侧重于发展现代信息技术推动经济社会全面跨越式

发展。三大战略各有侧重，但又互补，并且大数据战略是其他两项战略的有力基础支撑。

贵州是第一个将大数据作为省级发展战略的省份，这是贵州省根据当地发展实际情况和未来大数据发展的机遇，做出的实现弯道超车的战略选择。而大数据作为新兴产业，如果要健康发展，也需要政府在多个方面强有力的支持。事实上，贵州省先后出台一系列政策推动大数据及相关产业发展，奠定了坚实的制度支撑。贵州前省委书记陈敏尔说："贵州布局大数据并把其作为'十三五'战略行动，是一场抢先机的突围战，不只把大数据作为产业创新、寻找'蓝海'的战略选择，还要把大数据作为'十三五'时期贵州发展全局的战略引擎，更好地用大数据引领经济社会发展、服务广大民生、提升政府治理能力。"可见，贵州省把发展大数据放在了重中之重的位置。

为了充分整合和利用资源，提高大数据发展效率，贵州省政府抢抓机遇做好大数据发展战略的顶层设计，统一了思路，进行了统一规划和布局，组建了统一的领导机构，统一了思想，建设了统一的大平台。

（一）统一思路

经过反复调研，贵州省大数据推出"345333"总体发展思路和大数据战略行动。总体发展思路上，就是通过先行先试，培育大数据产业生态，抢占大数据产业制高点，营造大数据发展的健康环境。具体而言，贵州省大数据"345333"的具体内容包括：

- 清晰回答"数据从哪里来、数据放在哪里、数据谁来应用"三个问题；
- 坚持"数据是资源、应用是核心、产业是目的、安全是保障"四个理念；
- 重点打造"基础设施层、系统平台层、云应用平台层、增值服务层、配套端产品层"五个层级产业链；

● 发展大数据“核心业态、关联业态和衍生业态”三大业态；

● 实现“以大数据提升政府治理能力、以大数据推动转型升级、以大数据服务改善民生”三个目的；

● 分三步建设“国家级大数据内容中心—大数据服务中心—大数据金融中心”三个中心。

（二）统一规划

贵州省委、省政府紧紧抓住大数据发展战略机遇，为了科学落实大数据发展战略，推进大数据产业快速健康发展，从2014年起，贵州省陆续推出大数据战略规划与一系列产业政策。仅仅在2014年这一年里，就相继出台了《关于加快大数据产业发展应用若干政策的意见》《贵州省大数据产业发展应用规划纲要（2014~2020年）》《贵阳发展大数据产业行动计划（2014~2016年）》《贵州省信息基础设施条例》《贵州省信息基础设施建设三年会战实施方案》。这些文件和重磅政策明确阐述了大数据战略及行动指南，为贵州大数据产业进行了战略定位、明确了未来发展方向，为大数据产业发展实践提供了保障。

在贵安新区建设上，贵州省同样采取先规划再逐步实施的思路。贵州省政府首先将贵安新区建设统一纳入贵州省大数据发展战略规划，形成贵安新区、贵阳市以及贵州省的单层强化推动体系。贵州省把贵安新区作为重要的点，以点带面，统筹资源，对外合作，与贵州大数据战略协调发展。

2014年1月，国务院发布文件，同意在贵州贵安新区设立国家级新区。按照批复，贵安新区将建设成为西部地区经济重要的增长极、内陆开放型经济新高地。2014年6月，贵州省人民政府正式批复《贵安新区总体规划（2013~2030年）》。同年，贵安新区根据实际调研和省政府关于大数据战略的总体规划，发布了《大数据产业基地发展规划（2014~2020年）》。

● 作用上，根据该规划，贵安新区将作为贵州省大数据战略的核心组成部分，起到发动机的作用，引领整个贵州省大数据战略的发展，提升经济和信息化水平，推动传统经济转型升级。

● 定位上，贵安新区将建成“一区一中心四基地”，即建设具有国际影响力的国家大数据（贵州）综合试验区，中国南方数据中心，大数据创新应用示范基地、西部重要的智能终端制造基地、集成电路产业基地和大数据人才培训基地的总体定位。

● 原则上，省政府制定了“高端引领，集聚发展”的发展原则。通过大数据重大产业项目引领整个产业的集聚式发展。

● 任务上，贵安新区的基本任务有四项：抓好基础设施、汇集数据资源、推动深度应用、强化技术创新。贵安新区将以大数据产业基地作为载体，重点打造新区信息基础设施、系统平台、云应用平台、增值服务、配套端产品五个产业链层级，迅速集聚一批大数据企业落户并逐步建成投产。

● 工作重点上，布局“四个基地”：绿色数据中心基地、集成电路产业基地、大数据创新应用示范基地、西部重要的智能终端制造基地。

2015 年 2 月，贵安新区又获得工信部批复，同意《创建贵安大数据产业发展集聚区实施方案》。贵安新区不仅具有国家多重政策优惠，而且独具生态和能源优势，高起点、科学规划，准确地把握住了国家大数据发展战略的机遇，有助于推动贵州大数据早日实现弯道超车。

（三）统一组织和领导

为了整合资源，保障大数据战略高效实施，贵州省在大数据战略发展之初，就建设科学的组织体系。经过多方面论证和尝试，贵州省逐步建立了省、市、县三级大数据发展组织体系：省里成立大数据局，贵阳市成立大数据发展委，各市州成立大数据办。专门的组织保障体系有效地避免了政出多门和重复建设问题的发生。人事任命上，贵州省还任命一把手担任各机构的负责人，保证令行禁止。

● 2016 年 6 月，贵州省成立大数据发展领导小组，负责审定大数据发展战略和规划，研究解决全省大数据发展全局性、方向性的重大问题和事项，统筹推动全省大数据发展。而领导小组的组长由省长亲自担任。

● 2017 年 2 月，贵州省大数据发展管理局成立，成为我国首个省政府直管的正厅级大数据行业管理部门，为发展大数据理顺了体制机制。贵州省还在有条件的地区成立了相应的管委会或大数据办。

● 贵州省还成立了国有性质的云上贵州大数据公司。实行“云长”负责制，各个云应用都由建设单位一把手担任“云长”负总责。

（四）统一思想

为了统一思想，上下拧成一股绳，合力推动大数据发展战略，贵州省在全省范围内召开隆重的大数据战略行动推进大会。会上省委主要领导阐述了大数据发展战略的重要意义和未来工作部署。通过大会，全省上下统一了思想，提高了对大数据的认识，为坚定不移推进大数据战略提供了保障。

进行体制机制创新，提高办事效率。贵州在体制机制上进行了梳理，对不合理的规章制度和办事流程进行了清理，在提高政府办事效率上进行了一系列探索。以前在贵州办事，少说要盖十来个章，政府工作效率低，创业者在多个部门往返多次才能办成一件事。如今，相关政府部门精简了办事流程和手续，很多事情只要跑一趟行政中心就能全部搞定，极大地方便了创业者。以贵安新区为例，新区专门改革了政府办事效率，将 700 多项审批精简到 149 项。在贵安新区，只要优秀项目愿意落地，相关部门可以在两个小时内帮助企业办理好注册与入园手续，同时还会帮它们对接政府和基金投资资源，提供全方位的服务。

（五）统一平台

为了避免重复建设，促进数据流动，贵州省建设了全国首个省级政府数据统筹交换共享平台——“云上贵州”系统平台，于 2014 年 10 月正式上线。经过几年的建设，云上贵州平台系统日益完善，数据资源广泛形成，平台效能逐步显现出来。截至目前，省级政府部门和市（州）政府700多个应用系统在“云上贵州”平台得到汇聚，完成17204个数据元目录的梳理和267个数据的上云。

贵州省政府积极推动政务数据的开放、共享和应用。贵州省政府率先开放政府数据，消除信息孤岛，已经有108家网站与省政府门户网站实现数据交换，云上贵州系统平台日均访问量超10亿次，汇聚了5万GB的数据量。贵州还扩大政务大数据共享范围，目前贵州在省网上办事大厅已覆盖省、市、县、乡、村五级行政体系，与百姓生活日益紧密的有关健康卫生、社会保障、食品安全等主题的数据库也实现全面共享。

二、坚持政府推动和市场主导相结合

贵州省推动大数据与实体经济的融合，采取政府推动和市场主导相结合的原则。贵州省政府创新政府服务模式，精准把握大数据市场的脉搏和企业的需求，通过建设基础设施、建立规则、强化监管、科学引导，促进产业良性发展。一方面政府积极吸引和整合各方面的资源，优化政策、资金、要素等资源配置，吸引相关市场主体聚集，构建健康的大数据企业生态环境。另一方面树立标杆和示范，引导企业发展方向，推动企业主体主动拓展大数据市场。以贵安新区为例，作为贵州建设国家大数据综合试验区的核心组成部分，坚持“集聚先行、应用主导、产业融合、协同发展”的思路，通过优惠政策，广泛聚集资源，然后通过试点示范项目，引领企业自主经营，顺应市场发展方向。贵州省融合政府与市场的合力，提高大数据产业的先发优势。

（一）开展大数据试点示范工程，引领大数据市场发展

● “千企引进”工程

“千企引进”工程最早是在2017年的贵州省经济工作会议上提出的，

并写入《2017年贵州省政府工作报告》。“千企引进”工程旨在通过引进实力强、科技含量高、成长性好的企业，提升全省企业竞争实力，引导全省大数据与实体经济的融合。“千企引进”工程要求全省有针对性地选择大数据领域的细分行业龙头企业，编制“一对一”招商专案，列出时间表路线图，开展精准招商。截至2017年3月底，贵州省共引进实力强、科技含量高、成长性好的企业323家。

● “千企改造”工程

为推动大数据等新一代信息技术与企业发展深度融合，贵州大力实施“千企改造”工程，以信息化作为改造所有工业企业的总方向，为全省的烟酒产销、化学工业、建材设备、有色金属、装备制造等行业找“痛点”、开“处方”、促进全省各行各业转型升级。2016年共改造企业1210户、项目1532个，完成技改投资280亿元，带动技改投资680亿元。

● “万企融合”工程

贵州大力推动数字经济发展，提出以“万企融合”为抓手，建设100个融合标杆项目、1000个融合示范项目，加快实现大数据与实体经济深度融合，提高数字技术、产品和服务供给水平，激发转型升级的内生动力。

（二）设立标杆，打造“大数据+工业”深度融合试点示范企业

为加快大数据与制造业融合发展，推进大数据战略，贵州省通过打造一批领军企业和示范项目，总结成功经验和做法，然后推广到各行业，一方面指导大数据企业创新式发展，另一方面为推动传统企业转型升级和提质增效指明方向。2017年11月，贵州省公布了2017年“大数据+工业”深度融合第一批试点示范企业名单，入选企业有37家。这些企业转型升级虽然模式不同，但是在提质增效、快速增长等方面都取得了显著成效。示范企业的探索路径和成功经验，将对其他企业起到试点示范作用。37家上榜企业中，既有从事基础平台服务的云上贵州大数据集团公司，也有创新服务模式的独角兽企业货车帮公司。

三、坚持构建健康的大数据产业生态环境

（一）打造产业园，提升集聚能力

为了整合资源，优化资源配置，形成集聚效应，发挥带动作用，贵州省花大力气建设了一批具有引领性的大数据产业聚集区。这些聚集区逐步演化成孵化、支撑和服务平台，吸引更多的产业链上的企业入驻，推动大数据产业的健康发展。贵阳市在已有16个大数据产业集聚区的基础上，还将建设“中国数谷”十大产业园。

在贵安新区，建设有全国首个大数据产业集聚区和中国南方数据中心示范基地、国家绿色数据中心。此外，围绕大数据核心业态、关联业态、衍生业态，重点建设了6个产业园区。数字经济产业园重点围绕数据使用、数据管理、数据采集三大核心板块和13个门类，建设人才培养、金融服务、产学研合作、数据应用四大平台。完善的产业配套环境吸引了越来越多的相关企业入驻，目前签约入驻企业60家，其中有世界500强企业3家。

（二）组建“大数据与实体经济深度融合服务队”，提高专业化服务水平

为了深度落实大数据与实体经济的融合，贵州省组建了由国内外知名企业组成的“大数据与实体经济深度融合服务队”。服务队成员包括西门子、SAP、思科、阿里、华为、航天云网等全球111家大数据企业。这些企业将与传统企业进行对接，帮助和引导企业通过与大数据融合进行转型升级。为了提高服务质量，服务队还制订了《大数据+产业深度融合2017年行动计划》。截至目前，“服务队”已经为贵州省提供了318个典型解决方案，涵盖工业、农业、服务业等各个行业，涉及智能制造、工业互联网、企业信息化、金融与营销、云平台与服务、数据处理与应用、网络与安全等多个领域。其中，在企业智能化改造、智能工厂建设方面，

形成解决方案 117 个，帮助企业从计划排期、生产协同、设备管理、资源整合、质量优化、决策支持等多个方面进行智能化改造和大数据融合应用。

（三）布局服务支撑体系，完善服务链条

大数据是新兴产业，配套服务体系发展还不健全，贵州省积极布局大数据产业的生态服务环节，为大数据产业发展提供支撑，抢占前沿制高点。2017 年 10 月，贵州省申报的国家技术标准（贵州大数据）创新基地项目得到国家标准委专家组的认可并获得通过。该项目力争建成大数据产业技术标准联盟和大数据技术标准创新研发中心、试验论证评估中心、学术交流中心、人才培养中心。

（四）鼓励创新创业，繁荣大数据产业生态

为了繁荣生态，鼓励草根创新，贵州省还积极推动公有云和私有云平台建设，降低大数据开发与创新成本，鼓励大数据创新创业，鼓励新产品、新业态和新模式的涌现。贵安新区积极为创业者提供完善的服务，构建了“创业苗圃 + 孵化器 + 加速器 + 放大器”的孵化体系，建立覆盖培训、孵化、融资和服务的创新创业扶持体系等，给予创新型中小企业全面的支持。目前，贵安新区注册的企业数量已经超过 15000 家，其中不乏一些独角兽企业。围绕已落户的企业，贵安新区还提供土地、财税、金融、人才、奖励等多方面的扶持政策支持。

第二节　大数据与实体经济深度融合的模式

贵州省地处西部内陆，经济社会发展相对滞后，在资金、信息、技术、物流、人才等方面都不具备优势。贵州过去以能源矿产、酒业为主，但是目前煤炭和酒业都面临发展瓶颈。如果按照传统要素投入的发展方式，贵州省经济很难在短时间内实现大规模突破，更不要谈全面实现小康社会。

而大数据发展战略既符合未来产业发展方向，也可以以点带面驱动传统经济转型。大数据战略有助于贵州省取得先发优势，扬长避短，实现全面发展和弯道超车。发展大数据产业为贵州跨越式发展带来了希望。面临难得的发展机遇，贵州省背水一战，上下齐动员，抢先布局大数据战略。前任贵州省委书记陈敏尔提出："贵州后发赶超，全面建成小康社会，要在'赶'和'转'上下功夫。未来要发展大数据这样的优势产业，让'云'集贵州。"

自 2014 年正式实施大数据战略以来，经过几年的努力探索，贵州大数据与实体经济的融合已经处在引入期。尽管尚在引入期，但贵州省通过探索和实践，已经逐步摸索出一套适合自身的大数据与实体经济融合的引入期发展模式。这个模式就是以政策带动和标准规范建设作为保障，以地方优势资源作为突破口，以应用作为工作抓手，以创新作为驱动力。贵州省从这四个方面共同发力，统筹推动大数据与实体经济的深度融合，形成具有特色的"政策 + 地方资源 + 应用 + 创新"四位一体的贵州大数据发展模式。

贵州大数据与实体经济融合引入期的发展模式以大数据产业为主导，以信息化引领新型工业化、城镇化和农业现代化，逐步提升了整个经济社会主体的内在积极性和主动性，驱动经济增长从追求数量向提高质量稳步转变。大数据与传统经济的融合打破了贵州省对传统经济发展路径的依赖，及时抢占了新兴产业发展制高点，逐步探索出一条弯道取直的新路，为其他地区特别是发展相对落后的地区引入大数据战略、进行产业转型提供了良好的借鉴。

一、以地方优势资源为突破口

贵州省在发展大数据战略时，充分利用地方优势资源，在保证生态健康的前提下，发挥贵州地质结构优良、气候适宜以及供电成本较低的优势，把发展大数据的潜在优势变成了有竞争力的优势。截至目前，电信、移动、联通三大运营商数据中心一期、富士康绿色隧道数据中心已建成投运。三大运营商二期、腾讯数据中心、iCloud 贵安新区主数据中心、华为七星湖数据存储中心项目启动建设。习近平总书记曾为贵州点赞，称“贵州发展大数据确实有道理”。

（一）适宜的地理条件，为发展大数据存储产业奠定基础

开展大数据相关应用，必须建立数据中心。而数据中心建设对自然条件要求极高，包括具有良好的气候条件，具有较强的隐蔽性、高防护性和安全性，具有充裕的能源供给，房屋建筑必须能抗 8 级地震。而这些条件贵州几乎都能满足，从而凭借得天独厚的地理条件成为建设数据中心的首选。

贵州作为中国西南腹地，温度和空气质量都十分适宜数据设备运营。贵州省气温常年凉爽恒定，年均气温 15℃，夏无酷暑冬无严寒。数据中心可以直接换风降温，节约能耗，比其他同等条件下的数据中心节电20%左右，一个机架一年可以节约 3 万度电。此外，贵州森林覆盖率高，空气洁净度高，稍微过滤即可直接进机房，而且不需要经常对机器进行清洗，极大降低维护成本。贵安新区地势平坦，远离地震带，地质结构稳定，地震、台风等自然灾害较为罕见，安全系数高，具有发展大数据中心业务的先天优势。

（二）完善基础设施，保障大数据产业需求

贵州省能源丰富，结构适宜，价格优惠，为数据中心建设提供了稳定的能源供应和发展环境。大型数据中心由于设备庞杂、耗电比例高，

对能源有严格的要求。贵州具有丰富的水、电和煤炭资源，仅安顺就有 5 家发电企业，为大数据发展提供了基础能源的保障。贵州省的能源还具有价格优势，为了鼓励大数据产业快速发展，政府还提供水电折扣。2016 年，贵州省发布《关于降低大工业企业用电成本促进转型升级的实施方案》，将大工业企业综合用电价格由 0.56 元/千瓦时平均降至 0.44 元/千瓦时，大型数据中心用电价格降至 0.35 元/千瓦时，大大降低了大数据相关产业的营运成本。经测算，华为公司的数据中心迁到贵安后，光电费每年就可以节约 1 亿美元。

贵州同样高度重视通信基础设施建设，贵阳市还率先建立全域公共免费 WiFi 城市。主要通信运营商纷纷开展“提速降费”活动，促进了创新和应用，提高了用户的体验。

贵州交通区位优越，交通设施完善。贵安新区地处黔中经济区核心点，北接成渝都市群，南邻东盟自由贸易区，是中国西南出海大通道的枢纽。贵州交通设施逐步改善，贵阳的机场吞吐量超过 1000 万人次，与周边城市的高铁将陆续开通，已经实现县县通高速公路。

金融服务逐步升级，贵阳提出要打造西部科技金融创新中心，目前已有多家金融机构到贵阳建设分支机构或者数据中心，为贵州的大数据产业提供支撑。人民银行贵阳中心支行与贵州省银监局、保监局、证监局等 7 个部门联合发文，提出 18 项重点任务，要求深化金融业与大数据产业之间融合发展，统筹各类金融资源，提升金融服务水平，逐步建立起与大数据产业发展需求相适应的金融服务体系。

此外，贵州有丰富的自然资源、旅游资源和人文资源，并且贵州物价低，生活成本低，对人才有较大吸引力。

二、以应用为抓手

贵州依据地方资源优势，紧紧抓住大数据产业发展契机，通过地方政府的全力支持，取得了一个又一个创新成果，大数据应用不断深入，驱动贵州大数据产业与实体经济的融合渐入佳境。贵州大数据与实体经济融合模式的关键点就是以应用为抓手，把大数据应用作为实体经济转型升级的突破口，并通过建设云服务平台提高政府治理能力和公共服务能力。贵州省通过抓应用，促进服务创新，催生新业态、新模式。大数据的广泛和深入应用不仅促进了贵州新兴产业的崛起，还带动了传统经济和社会的全面提升。为了推动加快大数据产业发展应用，2014 年 2 月，贵州省在全国率先颁布了《关于加快大数据产业发展应用若干政策的意见》和《贵州省大数据产业发展应用规划纲要（2014~2020 年)》，从政策层面保证大数据应用的顺利开展。

（一）推动大数据应用于实体经济

大数据应用于传统产业的研发、采购、生产、销售、物流运输、市场开发、客户服务等多个环节，结合互联网、云计算和人工智能等现代信息技术，可以拓展企业的市场边界，进行精准营销，降低成本，实现资源最优配置，从而加快传统产业转型升级，实现裂变式发展。

大数据应用促进了转型升级，助力供给侧改革。在买方市场经济高度发达的今天，消费者在市场中占有主导权。如果盲目生产只会导致库存积压和企业倒闭。而应用大数据，依托电子商务平台，企业可以准确、及时地获得用户数据。企业根据用户数据画像，精准定位并了解其需求，从而提供有针对性的个性化定制服务或者产品，更好地满足用户需求，实现双赢。可见，大数据能够为贵州企业赋能，推动“黔货出山”的步伐。

通过大数据融合，结合其他现代信息技术，还能推动企业管理精准化、质量追溯全程化、市场营销网络化、组织结构扁平化、产品生产智能化和敏捷化的全面转型升级。转型升级的最终目的是实现资源优化配置，更好地提高企业生产和营销效率，降低成本，减少经营风险，为社会创造更多的价值。

当前，为了推动大数据与实体经济融合，贵州已全面开启实施“万企融合”、“千企改造”、“千企引进”大行动，并且取得了一系列初步成果。为了推动大数据应用，降低重复建设，减少企业投入，贵州还建设了工业云平台。工业云平台汇聚了众多资源，不仅提供“大数据+智能制造”解决方案，还吸引了国内外知名大数据企业加盟，这些企业可以为全省工业企业转型升级提供指导和服务。平台投入应用后，受到各类企业主体的广泛欢迎，平台注册企业用户已突破 7.6 万家，累计成交 1.85 万笔，成交金额达 11.29 亿元。工业云平台的成绩受到肯定，还入选工信部“2017 年制造业与互联网融合试点示范项目”。

案例：贵阳海信

贵阳海信把大数据与企业相融合，先行先试，取得了一些宝贵的经验。

1997 年，海信集团正式落户贵阳，年产值不到 3000 万元。20年后的 2017 年，贵阳海信产值达 22.38 亿元。分析贵阳海信高速增长的原因，不能不归功于其近年大力推进大数据应用和智能制造，推动企业转型升级。

贵阳海信主营电视机产品，但是行业竞争激烈，而贵阳海信又面临缺乏高端产品支撑、各部门之间数据重复采集、车间作业难以管控等一系列问题。为突破瓶颈，从 2014 年起，贵阳海信开始推进工厂车间信息化建设和大数据应用，打造了集订单大数据（DM）、研发大数据（PLM）、企业资源大数据（SAP）、供应链大数据（SRM）、原材料大数据（WMS）和产品物流大数据（LIS）于一体的完整大数据链。

贵阳海信通过引入生产过程 MES 系统，可以对产品的数量、质量、生产过程等精准监控，精准检测出不良品，保证产品的质量。而在这之前，物料数据、采购订单、销售订单、生产订单这些数据，都需要各部门单独收集，费时费力，还容易出错。引入大数据系统后，生产效率大大提升，产品生产时间由原来的 1 周缩短至 2 小时，产品不良率下降了

27.56%。

当前，贵阳海信正在积极申报工信部“2018年智能制造综合标准化与新模式应用项目”、实施新一代信息技术产业领域“智能电视智能制造新模式应用”示范项目。预计实施这些项目后，企业生产效率可以提高20%以上，运营成本降低20%以上，产品不良品率降低20%以上，单位产值能耗降低10%以上。

（二）大数据应用于政府治理和公共服务

大数据可以应用于实体经济的各个领域，产生强大的化学反应，提质增效，迸发出创新的火花。大数据也可以与社会治理深度融合，驱动政府从“经验治理”走向“精准治理”，构建全员参与的社会治理体系。“大数据+社会治理”能够提升政府治理能力，改善民生服务，提升服务效率，提高企业和居民的满意度水平。

贵州省首先将大数据用于提高政府决策、治理和服务能力上。在政府治理上，借助大数据和互联网技术，融合跨部门数据资源，实现对经济和社会运行更为精准的分析和预测，提高政府决策的针对性，提高政府治理的精准性和有效性。在行政审批上，可以借助大数据技术，重新塑造行政审批流程，提高办事能力。在民生服务方面，可以利用大数据精准了解居民生活现状、困难和需求，从而优化资源配置，推动公共服务更有针对性，更能解决民生的痛点问题，构建完善、高效的民生服务体系。2016年11月，国家发展和改革委员会正式批复在贵阳筹建“提升政府治理能力大数据应用技术国家工程实验室”。该实验室将整合国内外学术和技术资源，探索大数据提升政府能力的最佳方案，并最先在贵州实践。

2014年，贵州省建设了“云上贵州”系统平台，用于提升政府办事能力，简化了工作流程，提升了工作效率。基于“云上贵州”系统平台，已经飘浮20朵子云、335个系统应用、47个政务部门部分信息应用系统在上面运行。“云上贵州”系统平台大数据承载了公共服务、扶贫资金使用、医疗社保、国土空间、社会信用、工商注册、公安执法等方面的服务。登录该平台，居民足不出户就可以在线办理相应事项，避免了排队和走弯路。云平台的注册用户数已经达到630万人，相当于贵州省七分之一的人口，日均访问量超过10亿次。“云上贵州”还开发了移动服务平台，已经容纳3856项政务服务事项。“云上贵州”系统平台采取开放策略，促进信息公开和流动，减少信息孤岛，打破部门分割。目前，贵州已有55家省直部门对公众开放经济、医疗、环境、科技等八大领域628个数据资源，企业和开发者在平台注册后可直接调用数据进行数据开发。平台开放战略不仅提高了政府利用大数据进行科学决策的能力，而且便捷了更多的受众群体。贵州通过“智能交通云”平台，实现公安、交警、消防、医疗等部门联合执勤，快速反应、高效决策，处警效率较应用前提升了1.5倍。在国家行政学院发布的《省级政府网上政务服务能力调查评估报告（2018）》中，贵州省2017年全国省级政府网上政务服务能力总体得分为93.76分，位居全国第三。

贵安新区率先探索“大数据+行政审批”，打造阳光智慧政务。贵安新区创新式构建“审批云”、“监管云”、“监督云”、“招商云”、“证照云”、“分析云”等“六朵云”审批服务云平台，提高服务能力。“六朵云”功能各不相同，但是又覆盖了行政审批和监管工作的方方面面。云平台的运用，提供了信息在部门之间的共享能力，整合了政府资源，缩减了以前冗长的办事流程，提高了个性化服务能力。通过云平台办事，审批周期提速75%，220种事项可在1个工作日内审批完成。

贵州省还将大数据与公共服务紧密融合，将大数据广泛应用于扶贫、教育、医疗等公共服务。在医疗领域，2017年底，贵州省、市、县、乡四级公立医疗机构已经远程联通，可以共享优质医疗资源，1500多家乡镇卫生院及社区卫生服务中心实现远程医疗全覆盖，解决了偏远山区群众看病难的问题。全省通过远程医疗会诊，已经为5万例病人实现了远程影像诊断。在扶贫领域，贵州省建设的“精准扶贫云”，就是将大数据与精准扶贫工作紧密融合的创新成果。“精准扶贫云”还链接了扶贫、公安、教育、医疗、交通等17个部门和单位数据，实现贫困户在线识别、精准扶贫、考核评价等。应用“精准扶贫云”与“国土资源云”对接，可以实现以基础地理信息数据为支撑，精准掌握和调度易地扶贫搬迁等重点工程。“精准扶贫云”与“教育云”融合，可以自动识别贫困学生、在线办理教育资助。在环境保护方面，贵州省实现了对污染源的实时监控，对超标环境问题进行自动报警，解决了环保人力不足的问题，让环境保护无死角。

三、以政策和标准规范建设为保障

贵州大数据与实体经济在融合初期能够快速发展的一个重要因素就是政府高度重视，能进行顶层设计，多角度全力支撑和保障。大数据作为新兴产业，没有太多的成功模式可以借鉴，阻力和困难重重，产业面临较大风险，只有受到政府的重视及推动，才有可能实现健康快速发展。贵州省政府审时度势，积极把握先机，进行顶层设计，从多角度主动出击，先后制定一系列鼓励性和指导性文件，成立高规格的领导小组进行组织保障，并且在资金、法律、标准等多方面给予支持。

（一）政策保驾护航

自从贵州省下定决心深化大数据与实体经济融合，贵州省政府就密集出台一系列重磅政策，鼓励和指导产业发展，规范竞争行为，为大数据发展保驾护航。据统计，四年多的时间里，贵州省和贵阳市先后出台的大数据相关政策举措达一百多条。政策的强有力支撑，鼓舞了企业主体的积极性，增加了吸引力，促进了产业聚集，增强了企业创新动力，为提升产业发展进程扫清了障碍。

● 2014 年，贵州省政府印发的主要文件有：《关于加快大数据产业发展应用若干政策的意见》《贵州省大数据产业发展应用规划纲要（2014~2020 年）》《贵阳发展大数括产业行动计划（2014~2016 年）》。

● 2015 年，贵阳市委、市政府下发《关于加快大数据产业人才队伍建设的实施意见》。

● 2016 年，贵州省政府印发的主要文件有：《贵州省大数据发展应用促进条例》《贵阳国家高新区促进大数据技术创新十条政策措施》《贵州省政务数据资源管理暂行办法》《贵州省实施“千企改造”工程促进工业全面转型升级方案》。

● 2017 年，贵州省政府印发的主要文件有：《贵州省数字经济发展规划（2017~2020 年）》《大数据 + 产业深度融合 2017 年行动计划》《贵州省政府数据资产管理登记暂行办法》《关于金融支持贵州省大数据产业发展的指导意见》《贵州省发展农业大数据助推脱贫攻坚三年行动方案（2017~2019 年）》。

● 2018 年，贵州省政府印发的主要文件有：《贵州省实施“万企融合”大行动打好“数字经济”攻坚战方案》。

（二）其他专项政策支持

提供资金支持，解决企业发展的资金需求。为了鼓励创新，解决资金缺口，贵州省建立大数据发展专项基金，为大数据发展提供专项资金保障。贵阳市发布《贵阳国家高新区支持实体经济（工业）发展十条政策》，设立 5000 万元人民币实体经济发展专项奖励资金，鼓励大数据与实体经济融合发展。对符合创新产业的企业，还提供两年的贴息贷款和用电补助。另外，政府还组织各部门进行专项调查和研究，在财税支持、知识产权保护、科技成果转化、人才流动等方面给予政策扶持。此外，对群众反映强烈、制约创新的制度瓶颈逐一进行打破。通过各种制度和机制创新，降低了创业门槛，鼓励和创新，促进了产业发展。

以解决大数据人才缺口为例，贵州为了突破瓶颈，在培育、引进、留住人才方面，出台了一系列有吸引力的政策。例如：贵阳对新获批建设的大数据相关专业博士点、硕士点、本科点、专科（高职）点，将分别给予 50 万元、30 万元、10 万元、5 万元的一次性奖励；对推荐毕业生到贵阳市大数据企业、科研机构工作的高校、职业院校，每年最高奖励 20 万元；对入选贵州“百人领军人才”和“千人创新创业人才”的大数据人才，首次分别给予 100 万元、50 万元的资金奖励；等等。

（三）立法保障

为了营造健康、公正的大数据产业发展和融合环境，贵州省还健全法律法规，为企业主体和创新者保驾护航。贵州省率先进行大数据地方立法，颁布《贵州省信息基础设施条例》《贵州省大数据发展应用促进条例》《贵阳市政府数据共享开放条例》等法规文件。这些文件明确地提出发展大数据过程中必须遵守的原则和规范，包括机制、职责、数据的获得和使用、数据的保护和安全等。

（四）建设标准

为了规范大数据发展，提高工作效率，贵州省还相继出台了一系列标准：《政府数据：数据分类分级指南》和《政府数据资源目录》的前两部分。这两个工作标准的出台不仅在一定程度上规范了贵州省的大数据工作，还为其他省市发展大数据提供了标准参考。为了推动大数据工作顺利开展，提高工作效率，贵州省还相继出台《贵州省大数据产业统计报表制度（试行）》《贵州省大数据公共数据标准体系框架》《贵州省大数据市场交易标准体系框架》等规范和标准。

四、以创新为驱动力

贵州大数据和实体经济融合走出了一条欠发达地区发展高新技术新兴产业的创新之路，在全国范围内起到了示范作用。贵州发展大数据的创新发展之路既包括战略创新、体制机制创新，也包括营销创新、融合创新和技术创新。

（一）战略创新

贵州是第一个将大数据作为省级发展战略的省份，并且在战略发展的每个关键环节都能找到突破口。战略创新体现了贵州省政府的高瞻远瞩和借助现代信息技术实现跨越式发展的决心与信心。贵州省提出“大扶贫、大数据、大生态”三大战略，既与时俱进，又准确地把握住了发展机会，借助大数据实现经济社会全面跨越式发展。2015 年 11 月，在国务院发布《促进大数据发展行动纲要》之后的第二个月，贵州省就向有关部门报送《贵州省建设国家大数据综合试验区实施方案》，随后贵州省获批建设首个国家大数据综合试验区。2017 年，贵州省相继印发了两个在全国范围内都是首发的规划，即《贵州省数字经济发展规划（2017~2020 年）》《智能贵州发展规划（2017~2020 年）》，抢占了发展先机。

（二）体制机制创新

在发展大数据和传统经济相融合的过程中，贵州没有盲干，而是事先做好顶层设计，在体制机制上做足文章，推动大数据产业和融合工作健康、快速发展。贵州组建了统一的大数据产业发展领导机构，建立了“领导小组—局（办）—中心—企业”的推进机制，建设了统一的云平台，率先推出了一系列鼓励和指导性政策，制定了一系列产业发展规范和标准。

（三）营销创新

为了将大数据做成地方品牌，吸引更多的资源加盟，贵州在宣传和营销上做了各种尝试。国际大数据博览会（以下简称数博会）是由国家发展改革委、工信部、网信办和贵州省政府联合主办的国家级盛会。数博会不仅发挥了展示和交流的作用，作为一个平台，它连接了贵州省与全球大数据资源，展示了贵州独具特色的自然资源优势和政策优势。经过连续四年的努力，数博会已经成长为全球大数据产业最具权威性的国际交流平台。

（四）融合创新

贵州省没有单纯发展大数据技术或者是大数据产业，而是将大数据与实体经济融合作为整个战略的重要抓手。数据化、智能化、绿色化、集约化改造，推动传统企业加快转型升级，提质增效，以创新引领企业构筑核心竞争力。“大数据+实体经济”让传统企业迸发出勃勃生机。以中德西格姆公司为例，该公司以生产刀具为主，在转型升级中，创新性地给产品贴上了二维码标签。在刀具加工过程中，通过扫描二维码，就能够实现对生产的全流程管理，可以及时发现生产问题，准确调整生产方法和设备，减少人力成本，提高生产效率。刀具销售以后，通过刀具智能云端管理系统，能够清晰地了解刀具的流向，跟踪刀具的使用过程，分析刀具市场的需求，还可以有效解决旧品回收难的问题。

（五）技术创新

四年来，贵州省加大力度建设大数据产业发展环境，吸引科技创新企业入驻，鼓励企业研发投入。贵州省还积极推进科技创新成果转化和产业化进程，相继成立贵州省大数据标准化技术委员会和国家技术标准（贵州大数据）创新基地，其中创新基地是全国首个获批建设的大数据国家技术标准创新基地。

在良好的创新环境和氛围里，贵州省大数据创新成果不断涌现，创新能力不断提升。截至 2017 年，仅贵阳市就有高新技术企业 416 家，年增长 43%，其中大数据及关联企业超过 70%。随着技术创新步伐的加快，贵州省的知识产权数量和质量呈现双增长趋势。2016 年，贵州省申请发明专利 10953 件，同比增长 45.3%；发明专利授权 2036 件，同比增长 35.6%，增幅位居全国前列；2017 年 1~7 月，贵州省发明专利申请 6507 件，增速更是高达 71.4%。

案例：朗玛信息

受贵州大数据鼓励政策激励，贵阳朗玛信息公司大刀阔斧地向互联网医疗领域转型，并创新了在线医疗模式。朗玛信息建立健康大数据科学研究中心，与贵州省卫计委共建贵州省医疗健康云服务平台，自主开发结合智能穿戴设备的“贵健康”手机 APP，为贵州百姓率先开启了在线测量、挂号、问诊等功能服务。目前，该平台已经签约全国知名医院的 1000 余名专家，为来自全国的 2000 多名疑难重症患者进行了远程会诊，方便了百姓以低成本获得公平的优质医疗资源，为解决老百姓看病难问题提供了解决思路。

此外，朗玛信息还深耕医疗领域的其他方面进行创新投入。其自主研发的芯片试纸模块，单次采血即可完成血糖、总胆固醇、尿酸、甘油三酯等多项指标的测量，测量结果和医院的大型医用生化仪测量结果误差不超过 8%，远低于国家 20%的标准。2016 年，朗玛信息发明的专利“消除回声的优化方法、装置及系统”还荣获中国专利优秀奖。2017 年，朗玛信息先后获得“知识产权管理体系认证”证书，连续第二年入选“中国互联网百强企业”。

（六）产品和服务创新

贵州在大数据与实体经济融合过程中，政府大力推进，企业积极性高涨，在产品和服务领域取得一系列的成绩，取得诸多创新成果。贵阳大数据交易所于 2015 年 4 月正式挂牌运营，成为我国乃至全球最早的大数据交易机构，其推出的大数据交易平台 3.0 也是企业自主研发的技术创新成果。大数据交易中心的创新性成立意义重大，它有助于打破行业信息壁垒，促进数据共享，激活数据资产价值，推进实体经济的创新步伐。截至 2017 年 10 月，交易所会员数量达到 1500 家，交易额累计突破 1.2 亿元，可交易的数据总量超 150 PB。

第三节　大数据与实体经济融合的路径

大数据与实体经济深度融合的路径是指大数据渗透融入实体经济各领域并产生出新产业、新业态、新模式的过程，包括大数据技术应用于实体经济各领域，实体经济各领域为大数据发展提供场景，两者从初步交互到全面融合的途径汇总。从当前融合实践来看，我们认为大数据与实体经济深度融合主要涵盖四条路径内容：技术融合、产品融合、业务融合和产业融合。大数据与实体经济深度融合路径图如图 5-1 所示。

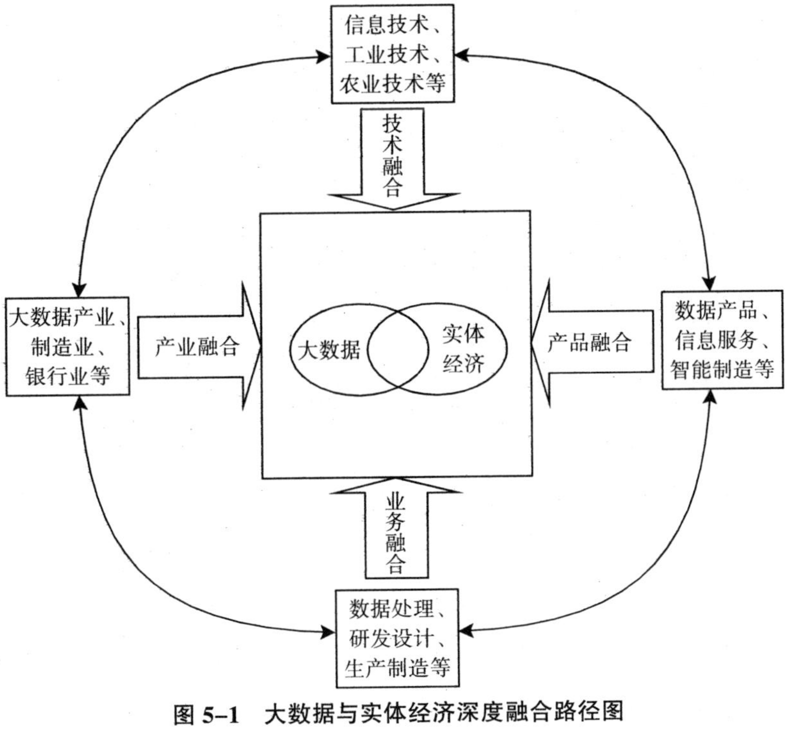

图 5-1　大数据与实体经济深度融合路径图

一、技术融合

技术融合是指打破大数据技术与其他技术之间的壁垒，开放式发生技术变革、实现技术创新，技术融合现象在新兴产业中比较常见。技术融合发生的原因包括两方面：一方面，大数据技术具有显著的创新特性。大数据技术是新一代信息技术的典型代表，具有创新活跃、渗透性强、带动作用大等特点，在与其他产业技术交叉渗透过程中易于激发技术变革；另一方面，大数据技术具有广泛的适用特性。未来任何产业的发展都难以离开数据的赋能，大数据技术广泛应用是大势所趋。大数据技术能够在海量数据中捕捉潜在的规律，推动完善不同产业技术，促进产业效率提升。以民航为例，为了提升民航机场能源管理水平，2018 年，首都机场节能公司基于大数据和人工智能的系统架构设计成功开发出新的机场能源管理系统 AEMS，为机场管理人员和运行人员提供一套高度自动化、智能化的管理工具和系统解决方案，可同时计算 2 万个采集点，数据采集频率可以达到秒级，系统计算性能比传统方式提升了 45%。

从本质上说，技术融合是对专业技术知识、生产工具和相关技术流程的深度集成，不同技术之间发生协同效应、互促效应、重组效应，实现原有技术的优化提升。当前，我国社会经济发展阶段已由高速度发展阶段转向高质量发展阶段，大数据技术对于各产业的融合效应将日益凸显。从现有技术融合类型来看，主要有两种：一种是显性技术融合，即与大数据技术有明显的共性特征的相关技术，在同一技术架构下与大数据技术实现组合创新，进而更高效地解决现实问题。例如，大数据技术与气象技术相融合。在气象领域中，围绕智能预报和智慧服务，在气象数据采集、加工处理、预报预测、共享服务、存储归档等气象业务和科研工作各个环节所产生的海量数据，具有类型多、体量大、更新快、质量高、价值高等特点。气象部门通过大数据技术与气象技术相融合的方式向各地各行业提供气象数据支撑，年服务量超过500TB。另一种是隐性技术融合，即与大数据技术没有明显的共性特征的技术，实现与大数据相融合，以数据流优化传统技术范式，全面渗透到企业的设计、生产、加工、销售等各个环节，进而带来一些突破性解决方案。例如传统企业农夫山泉，就通过大数据技术优化供应链体系。农夫山泉团队聘请SAP公司进行场景开发，将高速公路的收费、道路等级、天气、配送中心辐射半径、季节性变化等一系列以前未考虑到的数据纳入分析范畴。利用这些大数据，农夫山泉计算出一套最优的仓储运输方案，使各条线路的运输成本、物流中心设置最佳地点等信息及时呈现。将全国十多个水源地、几百家办事处和配送中心整合到一个体系之中，形成一个动态网状结构，进行即时的管控。让退货、残次等问题与生产基地能够实时连接起来，通过大数据实现了精准配送。

二、产品融合

产品融合是指大数据元素融入其他产品中，进一步完善产品原有功能，拓展产品全新功能。产品融合可以拓展用户需求，增强消费者的体验感，有效提高产品市场竞争力。典型案例如大数据产品与消费者金融风险产品相融合。以美国主流的个人信用评分工具FICO信用为例，FICO评分的基本思路便是：把借款人过去的信用历史资料与数据库中的全体借款人的信用习惯相比较，检查借款人的发展趋势和经常违约、随意透支的可能性。美国金融科技公司ZestFinance通过大数据技术分析FICO评分难以覆盖的人群，在ZestFinance的评分模型中，会大量应用到非征信数据（50%~70%），在其官方宣传中，提到会用到3500个数据项。从中提取70000个变量，利用10个预测分析模型，如欺诈模型、身份验证模型、预付能力模型、还款能力模型、还款意愿模型以及稳定性模型等。进行集成学习或者多角度学习，并得到最终的消费者信用评分。

从本质上说，产品融合是利用大数据技术分析产品的生产数据、销售数据、客户数据等相关产品数据，持续提高产品品质，生产出更符合广大用户需求的产品。现代企业产品和服务面临更加激烈的市场竞争，由于自身技术知识资源的限制，传统运营模式难以满足消费者不断升级的需求，因此需要通过大数据技术分析促进产品紧跟市场步伐。以出行服务为例，滴滴公司综合利用大数据技术与信息服务管理系统对司机进行线上线下安全教育，并通过三证验真、人像认证、分享行程、号码保护及紧急求助五大安全科技措施为行程保驾护航，通过科学评估方法建立对司机服务的综合评价体系，对低分司机将进行强制学习，并利用大数据海量计算，促进供需平衡，最大化提高司机的收入。同时，基于大数据技术，滴滴实现了对驾驶员和出行服务的科学评价，助力行业进行司机安全教育，提升从业者服务安全水平，让消费者的出行更有安全保障。

三、业务融合

业务融合是指大数据技术应用于企业研发设计、生产制造、经营管理、市场营销等相关环节，优化原有业务流程，推动管理水平提升。大数据技术对原有业务流程积累数据的深度分析，对业务的优化升级体现在两方面：一是删繁就简去掉一些冗余环节或优化一些烦琐流程，增强业务简约程度，提升业务效率；二是充分挖掘用户数据，倒逼业务流程改革，提高企业整体快速响应能力、服务能力和创新能力。以企业营销业务为例，作为中国领先的自营式电商企业，京东拥有 3.62 亿的年度活跃用户，亿级商品搜索标签，基于“京腾计划”，打通连接腾讯社交大数据与京东电商大数据，帮助品商精准量化决策，提供高品质电商的大数据支持。在投放上，京准通营销平台以京东大数据为基础，通过站内站外的整体投放、线上线下的全面整合，为品牌和商家提供从量化决策到营销推广，再到效果反馈的“一条龙”服务。京准通打造的“京东快车”、“京选展位”、“京东直投”、“京挑客”等营销产品，多元化的投放体系和渠道相互组合，帮助商家根据自身特点制定完整的营销方案，以最合适的营销工具提升营销的投资回报率。最后进行效果衡量。京东会根据技术上的关键绩效指标，做用户洞察，同时也帮客户做调研，形成一个非常完整的解决方案。

从本质上说，业务融合就是大数据技术对传统业务的赋能提升，以数据为动力驱动业务变革，实现业务转型升级。传统业务过程中产生形成的数据被长期忽视，且与市场反馈联系不够紧密，大数据激活业务数据，促进业务朝着更加科学和高效的方向发展。以外卖业务为例，目前，外卖成了很多人日常生活的一部分，外卖平台“美团外卖”的外卖单日完成订单量突破 3000 万份，而在完成这庞大订单量的背后就是大数据业务的支撑。美团外卖综合运用了大数据、人工智能和机器学习技术等，通过外卖配送的“超级大脑”——“O2O 实时物流配送智能调度系统”，创造性地使用多种算法应对不同配送场景，将平均配送时长缩短至 28 分钟，进而为消费者提供更好的服务体验。在产生新订单时，美团外卖大数据分析平台会综合考虑骑手位置、在途订单情况、骑手能力、商家出餐、交付难度、天气、地理路况、未来单量等一系列数据，在正确的时间将订单分配给最合适的骑手，并在骑手执行过程中随时预判订单超时情况并动态触发改派操作，实现订单和骑手的动态最优匹配。

四、产业融合

产业融合是在技术融合、数字融合的基础上所产生的产业边界模糊化，即大数据技术深度融入其他产业，催生出一些新业态、新平台、新生态等。大数据与传统产业融合主要体现在两个方面：一方面，大数据对不同产业数据进行交叉分析，挖掘产业契合点，延伸传统产业发展边界，推动形成不同产业的跨界效应和组合效应，在范围经济维度拓展产业成长空间。另一方面，在大数据技术的加持下，推动底层技术变革，改造原有的行业运作逻辑，促进产业不同部门的衔接，赋能产业演化生成“新物种”。以大数据与传统零售行业相融合为例，传统零售业和大数据深度融合形成全新的零售业态。2018 年阿里入股高鑫零售，阿里的互联网基因和大数据资源加速了高鑫的线上线下整合。在阿里与高鑫的合作中，不断强化线上大数据指导线下商品管理，高鑫的一些门店上架了天猫超市百万件商品，这些商品由阿里大数据根据周边消费者喜好筛选，并由天猫供应链优化供货方案，从整体上调整了门店的经营体系和业务链路。

从本质上说，产业融合是大数据在产业融合过程中扮演助推器和催化剂两种角色，既要以助推器的方式推动传统产业技术变革和业务提升，又要以催化剂的方式为不同产业融合提供交叉桥梁，实现不同产业链的交汇，进而产生新的产业业态和商业模式。例如：大数据与现代农业相结合，推动形成智慧农业；大数据推动文化行业与旅游行业的深度融合；大数据与金融行业相融合，推动了金融科技的快速发展。

第六章
基于投入产出表的大数据产业对贵州经济发展的影响分析

本章利用投入产出方法，考察大数据产业对贵州经济发展的影响。本章的安排如下：在第一节中，首先界定大数据产业的范围。目前大数据在产业范畴上还不存在公认的界定标准，为了量化分析大数据产业与其他产业，以及贵州省总体经济情况的联系，需要明确本书对大数据产业的定义口径；在第二节中，基于投入产出方法对贵州省大数据产业进行了分析，介绍了投入产出方法的分析过程及使用的系数的构造方法，并利用贵州省 2012 年投入产出表进行了分析；第三部分对分析结果进行总结。

第一节　大数据产业范围界定

大数据产业作为新兴产业目前尚缺乏公认的界定标准。工业和信息化部印发的《大数据产业发展规划（2016~2020 年）》认为，大数据产业指以数据生产、采集、存储、加工、分析、服务为主的相关经济活动，包括数据资源建设，大数据软硬件产品的开发、销售和租赁活动，以及相关信息技术服务。

贵州省统计局2018年制定的《贵州省大数据产业统计报表制度（试行）》按主营和非主营的关系将企业分为“大数据企业”（主营大数据相关业务）和“企业大数据”（主营业务为传统行业，但经营大数据相关业务的企业）。其中大数据企业按经营业务类型划分为两类，即经营核心业务和关联业务的企业。核心业务指围绕大数据关键技术和大数据核心业务形成的产业，主要包含大数据的采集、加工、存储、分析、交易、安全、服务和云平台建设运营，大数据教育，大数据软硬件产品的开发、销售和租赁活动。关联业务主要包含计算机通信和其他电子设备制造、专用仪器仪表制造、其他电子信息产品制造，电信、广播、卫星传输服务，互联网和相关服务，软件和信息技术服务，呼叫中心及服务外包以及电子商务，等等。企业大数据主要指互联网与传统行业深度融合（“互联网+”）的企业，包括“互联网+”农业、“互联网+”制造、“互联网+”能源、“互联网+”金融、“互联网+”医疗、“互联网+”教育、“互联网+”高效物流、“互联网+”交通、“互联网+”旅游、“互联网+”资源回收、“互联网+”服务等多种形态。

贵州省大数据管理局对大数据产业及数字经济运行情况的说明包含软件与信息技术服务业和电子信息制造业，智能电视、电子元件、手机制造，以及电信业务和电子商务等。

中国信息通信研究院发布的《大数据白皮书（2016年）》认为大数据产业应该划分为狭义和广义两个层次。围绕大数据采集、存储、管理和挖掘的大数据核心是大数据应用的基石，属于信息产业的一部分，是大数据产业的狭义界定范畴。而广义的大数据产业包括大数据在各个领域的应用，已经超出了信息产业的范畴。

中国电子信息产业发展研究院与工业和信息化部赛迪智库发布的《大数据发展白皮书（2015版）》认为，我国大数据市场的供给结构包括以百度、阿里、腾讯为代表的互联网企业，以华为、联想、浪潮、曙光、用友等为代表的传统 IT 厂商，以亿赞普、拓尔思、海量数据、九次方等为代表的大数据企业，呈现出三角供给结构。从中看出大数据相关产业不仅包括信息服务业，还包括相关的软件和硬件生产行业。

从以上观点来看，大数据产业不仅包括与数据生产、采集、存储、加工、分析、服务直接相关的信息技术服务相关行业，还包括计算机通信和其他电子设备制造、专用仪器仪表制造、其他电子信息产品制造等电子信息设备制造相关行业，以及与大数据和互联网深度融合的传统产业。但是本章基于投入产出方法分析视角，在传统的行业统计分类的框架下，很多与大数据相关的软硬件服务业与制造业，特别是与传统行业深度融合的大数据服务业部分均统计在其他行业的数据中，难以分离和考察。综合以上原因，本章选择了贵州 139 个部门投入产出表中“电信和其他信息传输服务”、“软件和信息技术服务”和“通信设备”三个行业作为大数据产业进行分析，实际的大数据产业的含义要大于本章的分析范围，但是由于数据可得性问题，在当前的统计标准下难以更精准考察。

第二节　贵州大数据产业的投入产出分析

本节利用投入产出分析方法，对贵州省大数据相关产业对国民经济运行的影响进行分析。本节的安排是：首先介绍投入产出分析方法及拉动力系数、增加值诱发系数、依赖度系数等系数的构建；其次对贵州大数据相关产业进行分析；最后为了考察大数据相关产业的总体影响，我们将大数据相关产业合并成为大数据产业进行分析。

一、分析方法

本节的计算均是基于2012年投入产出表调整得到的非竞争型投入产出表，这样做的原因是我国投入产出表均是竞争型投入产出表，所谓竞争型投入产出表就是在中间使用和最终使用中不区分国内产品和进口产品，一个流量中同时包含两种产品而出现了“竞争”。这种竞争型表的投入产出模型不能直接用于测算最终产品拉动的增加值，因为在最终产品（使用）中包括直接进口产品，而进口产品不是在国内生产的，故不会消耗国内的中间产品，由此创造的增加值不是在国内创造的，故不会拉动国内经济。

这一问题可以通过编制非竞争型投入产出表来解决。把竞争型投入产出表中的各流量拆分成国内产品（用上角d表示）和进口产品（用上角m表示），即把中间产品x_{ij}拆分成国内中间产品x_{ij}^d和进口中间产品x_{ij}^m，把最终产品y_i拆分成国内最终产品y_i^d和进口最终产品y_i^m，从而得到非竞争型投入产出表。

本节利用非竞争型投入产出表，通过构造拉动力系数、增加值诱发系数、依赖度系数对贵州省大数据相关产业进行分析。各类系数的经济意义及构造方法如下。

（一）拉动力系数

拉动力系数是从影响力系数衍生出来的。

影响力系数是指国民经济某一个部门增加一个单位最终使用时，对国民经济各部门所产生的生产需求波及程度。影响力系数F_j的计算公式为：

$$F_j=\sum_{i=1}^{n}b_{ij}\Big/\frac{1}{n}\sum_{i=1}^{n}\sum_{j=1}^{n}b_{ij}\quad(j=1,\ 2,\ \cdots,\ n)$$

式中，$\sum_{i=1}^{n}b_{ij}$为列昂惕夫逆矩阵的第j列之和；$\frac{1}{n}\sum_{i=1}^{n}\sum_{j=1}^{n}b_{ij}$为列昂惕夫

逆矩阵的列和的平均值。

对影响力的传统解释是，影响力大的部门对其他部门的拉动作用大，也即意味着拉动国民经济有更多的产出，其评判依据是 1 单位最终产品拉动的总产出。然而，总产出不是一个好的评判标准，影响力系数大的部门，即单位最终产品拉动的总产出大的部门，并不一定其单位最终产品拉动的增加值也大，更应关注的是增加值，因为增加值是生产过程中新创造出来的价值，增加值反映了生产的真正效益，国民经济的结构就是用三次产业的增加值占 GDP 的比重来表示的。

因此引入拉动力系数概念。

拉动力系数是指国民经济某一个部门增加一个单位最终使用时，对国民经济各部门所产生的增加值波及程度。拉动力系数 P_j 的计算公式为：

$$P_j = \sum_{k=1}^{n} r_k \bar{b}_{kj}^d \Big/ \left(\sum_{j=1}^{n} \alpha_j \sum_{k=1}^{n} r_k \bar{b}_{kj}^d \right)$$

式中，r_k 为 k 部门产生的增加值 V_k 占该部门总产出（即总投入）X_k 的比例即增加值率，$r_k = V_k/X_k$；$\bar{b}_{kj}^d$ 为非竞争投入产出表的列昂惕夫逆矩阵中第 k 行 j 列元素；α_j 为 j 部门国内最终产品 y_j^d 占全部国内最终产品 y^d 的比重，即 $\alpha_j = y_j^d/y^d$。

（二）增加值诱发系数

增加值诱发系数是从生产诱发系数这一概念衍生出来的。

生产诱发系数，是指某一单位最终需求所诱发的各个部门的生产额，其具体含义是：用某类最终需求带来的第 i 部门总产出增量除以该类最终需求总量，得到该类最终需求对第 i 部门的生产诱发系数。生产诱发系数用来说明各生产部门的生产受各最终需求项目的影响程度，生产诱发系数越大，它的生产波及效果也越大。其计算公式为：

$$S = (I - A^d)^{-1} \times Y \Big/ \sum_{j=1}^{n} y_j$$

式中，S 为生产诱发系数；A^d 为非竞争型投入产出表的直接消耗矩阵；Y 是最终需求列向量，第 i 部门的最终产品为 y_i，即 $Y=[y_1, y_2, \cdots, y_n]^T$。

然而，生产诱发系数考察的是单位最终需求所诱发的生产额，生产额大，并不意味着其增加值也大。

增加值诱发系数，是指某一单位最终需求所引发的各部门的增加值，其具体含义是：用某类最终需求带来的第 i 部门增加值除以该类最终需求总量，得到该类最终需求对第 i 部门的增加值诱发系数。增加值诱发系数用来说明各生产部门的增加值受各最终需求项目的影响程度，增加值诱发系数越大，它对国内生产总值即 GDP 的贡献越大。其计算公式为：

$$K=R^T\times\left[(I-A^d)^{-1}\times Y\Big/\sum_{j=1}^{n}y_j\right]$$

式中，K 为增加值诱发系数；R 为增加值率行向量；A^d 为非竞争型投入产出表的直接消耗矩阵；$Y=[y_1, y_2, \cdots, y_n]^T$ 为最终需求列矩阵。

（三）依赖度系数

依赖度系数，是指某种最终需求对第 i 部门的生产诱发额在该部门的总产出中所占的比重。它反映了国民经济各部门对最终需求各项的依赖程度，包括直接依赖和间接依赖。依赖度系数较大的部门说明该部门相对某种最终需求的扩张效应较为敏感。

其计算公式为：

$$D=(I-A^d)^{-1}\times Y/X$$

式中，D 为依赖度系数；A^d 为非竞争型投入产出表的直接消耗矩阵；Y 为某最终需求列向量；X 为总产出列向量。

二、大数据相关产业的投入产出分析

下面利用投入产出方法中拉动力系数、增加值诱发系数、依赖度系数的概念，对贵州大数据相关产业进行分析。

（一）拉动力系数

为比较影响力系数和拉动力系数的区别，分别计算国民经济各部门的影响力系数和拉动力系数，其中通信设备、电信和其他信息传输服务、软件和信息技术服务三个大数据相关行业和其他排名前 20 的行业的计算结果见表 6-1 和表 6-2。

表 6-1　行业影响力系数排名

排名	行业	影响力系数
126	通信设备	0.005138
63	电信和其他信息传输服务	0.007186
120	软件和信息技术服务	0.005442
1	仓储	0.012107
2	电力、热力生产和供应	0.0111
3	有色金属及其合金和铸件	0.011027
4	水泥、石灰和石膏	0.010914
5	农药	0.010746
6	石膏、水泥制品及类似制品	0.010057
7	屠宰及肉类加工品	0.010045
8	燃气生产和供应	0.009923
9	肥料	0.009855
10	石墨及其他非金属矿物制品	0.009815
11	谷物磨制品	0.009802
12	铁合金产品	0.009743
13	钢压延产品	0.009673
14	饲料加工品	0.009662
15	基础化学原料	0.009596
16	植物油加工品	0.009511
17	炼焦产品	0.009452
18	玻璃和玻璃制品	0.009444

续表

排名	行业	影响力系数
19	砖瓦、石材等建筑材料	0.009247
20	专用化学产品和炸药、火工、焰火产品	0.00916

表 6-1 列出了 2012 年贵州投入产出表中影响力系数排在前 20 位的部门，以及大数据产业相关产业的排名和影响力系数。从 2012 年数据来看，通信设备、电信和其他信息传输服务、软件和信息技术服务的影响力系数分别排在第 126、63 和 120 位，其影响力系数分别为 0.005138、0.007186 和 0.005442，这说明若增加 1 单位大数据产业产品和服务的需求，将分别拉动 0.005138、0.007186 和 0.005442 单位的生产额。系数小于 1，均低于社会平均水平。表中的数据显示，影响力较大的行业大多集中在第二产业部门，说明这些部门对国民经济各部门的生产拉动作用更大，对社会生产有较强的辐射作用。

表 6-2　行业拉动力系数排名

排名	行业	拉动力系数
1	通信设备	3.501417
50	电信和其他信息传输服务	1.260762
40	软件和信息技术服务	1.314902
2	金属制品、机械和设备修理服务	1.538207
3	陶瓷制品	1.480287
4	纺织制成品	1.47807
5	渔产品	1.467606
6	住宿	1.463411
7	居民服务	1.444107
8	金属加工机械	1.436846
9	开采辅助服务和其他采矿产品	1.436578
10	科技推广和应用服务	1.433902

续表

排名	行业	拉动力系数
11	广播、电视、电影和影视录音制作	1.431739
12	黑色金属矿采选产品	1.429898
13	社会工作	1.427607
14	文教、工美、体育和娱乐用品	1.427558
15	教育	1.425584
16	农产品	1.425551
17	水利管理	1.423523
18	有色金属压延加工品	1.417454
19	租赁	1.414028
20	批发和零售	1.413423
21	皮革、毛皮、羽毛及其制品	1.408756

表 6-2 列出了 2012 年贵州大数据相关部门以及拉动力系数较大的前 20 位其他部门的拉动力系数和排名。表中数据显示，通信设备、电信和其他信息传输服务、软件和信息技术服务行业的拉动力系数分别排在第 1 位、第 50 位和第 40 位，处于全部 139 个行业上游和中游的位置。其拉动力系数分别是 3.501417、1.260762 和 1.314902，系数大于 1，均高于全部行业平均水平，这说明若增加 1 单位大数据产业产品和服务的需求，将分别拉动 3.501417、1.260762 和 1.314902 单位的国民经济的增加值。在前 20 位拉动力较大的部门中，除了 8 个行业在第二产业外，其他均为第一、第三产业部门，这与影响力系数的排名结果差别很大。许多学术文章是把影响力系数大小作为判断产业是否优先发展的标准，而影响力计算的是单位最终消费所拉动的生产额，不是增加额。按照影响力系数计算，影响力系数较大的部门大都是工业部门，而工业部门的单位生产额中，往往有很大一部分用于中间消耗，因此剩下的增加值也往往较小。结合本书的计算结果可以说明，不能忽视发展第一、第三产业对贵州经

济发展的拉动作用。针对大数据产业，结合影响力系数和拉动力系数进行综合分析，发现大数据产业的影响力系数虽然低于社会平均水平，但是行业拉动力高于社会平均水平，说明大数据产业中间消耗较小，在提高国民收入方面具有一定的拉动力。

（二）增加值诱发系数

本书将最终需求分为居民消费、政府消费、固定资本形成，以及出口与省外流出四部分，分别在表 6-3、表 6-4、表 6-5 和表 6-6 中给出了 2012 年贵州省大数据相关产业以及其他各产业中增加值诱发系数较大的前 20 个部门的数据和排名情况。

表 6-3 居民消费的增加值诱发系数

排名	行业	增加值诱发系数
121	通信设备	-2.30407E-05
10	电信和其他信息传输服务	0.029610722
50	软件和信息技术服务	0.0006834
1	农产品	0.132361676
2	批发和零售	0.090771014
3	畜牧产品	0.079766449
4	道路运输	0.053048948
5	房地产	0.051898019
6	货币金融和其他金融服务	0.047215928
7	餐饮	0.042015395
8	电力、热力生产和供应	0.030457841
9	居民服务	0.029863735
11	煤炭采选产品	0.028356805
12	教育	0.01758298
13	烟草制品	0.017413602
14	卫生	0.016865502
15	商务服务	0.016646322

续表

排名	行业	增加值诱发系数
16	其他服务	0.01337093
17	酒精和酒	0.013220613
18	医药制品	0.008885167
19	渔产品	0.005520717
20	公共管理和社会组织	0.004393388
21	肥料	0.004101065

表 6–4　政府消费的增加值诱发系数

排名	行业	增加值诱发系数
123	通信设备	–1.5E–06
15	电信和其他信息传输服务	0.007052
44	软件和信息技术服务	0.000495
1	公共管理和社会组织	0.380399
2	教育	0.082107
3	卫生	0.043008
4	道路运输	0.03616
5	货币金融和其他金融服务	0.028305
6	农、林、牧、渔服务	0.022688
7	餐饮	0.019634
8	专业技术服务	0.017243
9	农产品	0.012007
10	住宿	0.010045
11	批发和零售	0.009959
12	电力、热力生产和供应	0.008969
13	文化艺术	0.008728
14	广播、电视、电影和影视录音制作	0.00735
16	商务服务	0.006126
17	科技推广和应用服务	0.005991
18	研究和试验发展	0.005393

续表

排名	行业	增加值诱发系数
19	新闻和出版	0.005127
20	煤炭采选产品	0.004872
21	其他服务	0.004756

表 6–5 固定资本形成的增加值诱发系数

排名	行业	增加值诱发系数
126	通信设备	–1.3E+13
23	电信和其他信息传输服务	8.42E+14
18	软件和信息技术服务	1.21E+15
1	道路运输	3.61E+16
2	土木工程建筑	3.35E+16
3	房屋建筑	2.08E+16
4	批发和零售	1.93E+16
5	货币金融和其他金融服务	1.18E+16
6	煤炭采选产品	8.36E+15
7	电力、热力生产和供应	6.89E+15
8	房地产	6.66E+15
9	建筑安装	4.59E+15
10	水泥、石灰和石膏	3.6E+15
11	非金属矿采选产品	2.34E+15
12	装卸搬运和运输代理	2.18E+15
13	商务服务	1.84E+15
14	畜牧产品	1.81E+15
15	餐饮	1.59E+15
16	专业技术服务	1.58E+15
17	其他服务	1.38E+15
19	租赁	9.4E+14
20	铁路运输	9.36E+14
21	砖瓦、石材等建筑材料	8.87E+14

表 6-6　出口与省外流出的增加值诱发系数

排名	行业	增加值诱发系数
110	通信设备	5.93E-05
13	电信和其他信息传输服务	0.014299
47	软件和信息技术服务	0.001563
1	煤炭采选产品	0.089323
2	酒精和酒	0.065454
3	农产品	0.056169
4	电力、热力生产和供应	0.050078
5	道路运输	0.041056
6	烟草制品	0.04011
7	批发和零售	0.037745
8	货币金融和其他金融服务	0.030563
9	公共管理和社会组织	0.030368
10	餐饮	0.02165
11	教育	0.015811
12	畜牧产品	0.014363
14	有色金属及其合金和铸件	0.013604
15	肥料	0.011947
16	商务服务	0.008866
17	铁合金产品	0.006972
18	医药制品	0.006554
19	住宿	0.006179
20	居民服务	0.005864
21	林产品	0.005529

以上表中数据的经济含义是 1 个单位居民消费（或政府消费/固定资本形成/出口与省外流出）所诱发的某国民经济部门的增加值，例如居民消费对电信和其他信息传输服务行业的增加值诱发系数为 0.029610722，表示一个单位居民消费可以诱发 0.029610722 单位的大数据产业增加值。

比较各类最终需求的增加值诱发系数可以发现，居民消费较大诱发系数所涉及的国民经济部门主要集中在与人们吃、穿、用、住、行等日常生活密切相关的部门。政府消费的增加值诱发作用与居民消费相比存在显著差异，政府支出主要影响的是公共管理、社会保障和社会组织，教育，卫生和社会工作，交通运输、仓储和邮政等公共消费和社会服务领域的部门。固定资本形成较大诱发系数所涉及的国民经济部门大多是建筑，交通运输、仓储和邮政，批发和零售，金融，煤炭采选产品，电力、热力的生产和供应等工程建设、原材料生产采购、能源消耗领域的部门。出口与省外流出较大诱发系数所涉及的国民经济部门中，食品和烟草，煤炭采选产品，农林牧渔产品和服务，交通运输、仓储和邮政，电力、热力的生产和供应，批发和零售等资源、农产品以及运输销售领域的行业处于前列。对于通信设备行业，居民消费、政府消费、固定资本形成和出口与省外流出的增加值诱发系数分别为-2.30407E-05、-1.5E-06、-1.3E+13 和 5.93E-05，即出口与省外流出对通信设备行业的增加值诱发最高，其次是居民消费，再次是固定资本形成，最后是政府消费。这说明从 2012 年的数据来看，出口与省外流出以及居民消费对通信设备行业增加值的诱发作用更大。对于电信和其他信息传输服务行业，居民消费、政府消费、固定资本形成和出口与省外流出的增加值诱发系数分别为 0.029610722、0.007052、8.42E+14 和 0.014299，即固定资本形成对电信和其他信息传输服务行业的增加值诱发最高，其次是居民消费，再次是出口与省外流出，最后是政府消费。这说明从 2012 年的数据来看，固定资本形成以及居民消费对电信和其他信息传输服务行业增加值的诱发作用更大。对于软件和信息技术服务行业，居民消费、政府消费、固定资本形成和出口与省外流出的增加值诱发系数分别为 0.0006834、0.000495、1.21E+15 和 0.001563，即固定资本形成对软件和信息技术服务行业的增加值诱发最高，其次是出口与省外流出，再次是居民消费，最后是政府消费。这说明从2012年的数据来看，固定资本形成以及出口与省外流出对软件和信息技术服务行业增加值的诱发作用更大。

（三）依赖度系数

表6-7、表6-8、表6-9分别是依据贵州2012年投入产出表计算出的消费、固定资本形成以及出口和省外流出的依赖度系数，给出依赖度系数较大的部门和大数据部门相关情况，便于分析这些部门对各种最终需求的依赖程度。

表6-7　各部门对消费的依赖度系数

排名	行业	依赖度系数
50	通信设备	1.378924
52	电信和其他信息传输服务	1.351152
5	软件和信息技术服务	13.52179
1	林产品	1424.616
2	装卸搬运和运输代理	160.8677
3	电子元器件	34.51703
4	邮政	32.2287
6	住宿	11.65608
7	租赁	8.208228
8	涂料、油墨、颜料及类似产品	7.028922
9	精炼石油和核燃料加工品	7.007071
10	专用化学产品和炸药、火工、焰火产品	6.583062
11	航空运输	5.92746
12	文化、办公用机械	5.777802
13	煤炭采选产品	4.245587
14	娱乐	3.290717
15	货币金融和其他金融服务	3.197571
16	电力、热力生产和供应	3.10945
17	糖及糖制品	3.083647
18	塑料制品	2.846675

续表

排名	行业	依赖度系数
19	保险	2.814516
20	造纸和纸制品	2.75869
21	文教、工美、体育和娱乐用品	2.606096

表 6–8 各部门对固定资产投资的依赖度系数

排名	行业	依赖度系数
34	通信设备	1.012493
42	电信和其他信息传输服务	0
23	软件和信息技术服务	1.144704
1	装卸搬运和运输代理	103.4325
2	航空运输	10.76859
3	其他电气机械和器材	6.643676
4	电线、电缆、光缆及电工器材	4.488486
5	仪器仪表	4.17505
6	仓储	3.393871
7	研究和试验发展	2.925059
8	专业技术服务	2.258206
9	批发和零售	2.192622
10	文化、办公用机械	2.138503
11	铁路运输	2.064399
12	汽车整车	1.962714
13	水上运输	1.960514
14	其他通用设备	1.602843
15	视听设备	1.589244
16	金属制品	1.455916
17	计算机	1.411573
18	道路运输	1.381764
19	家用器具	1.347016
20	泵、阀门、压缩机及类似机械	1.259815

表 6-9　各部门对出口与省外流出的依赖度系数

排名	行业	依赖度系数
101	通信设备	0.9518715
42	电信和其他信息传输服务	1.37479
25	软件和信息技术服务	2.0354755
1	装卸搬运和运输代理	27.882444
2	邮政	24.496082
3	新闻和出版	12.852205
4	货币金融和其他金融服务	11.910641
5	租赁	7.8276626
6	合成材料	6.1861486
7	商务服务	5.0783609
8	批发和零售	4.7641986
9	钢、铁及其铸件	4.6646791
10	废弃资源和废旧材料回收加工品	4.6204531
11	专用化学产品和炸药、火工、焰火产品	4.3209268
12	电力、热力生产和供应	4.1888804
13	道路运输	3.6741846
14	开采辅助服务和其他采矿产品	3.5171389
15	造纸和纸制品	3.4205273
16	黑色金属矿采选产品	3.0161645
17	谷物磨制品	2.9694477
18	农药	2.7387913
19	煤炭采选产品	2.3715424
20	渔产品	2.3574327

从表 6-7、表 6-8 和表 6-9 中可以看出，单从排名上看，通用设备，石油、炼焦产品和核燃料加工品，煤炭采选产品，电力、热力的生产和供应，金融，租赁和商务服务等行业较多地依赖消费；建筑，非金属矿物制品，非金属矿和其他矿采选产品，交通运输、仓储和邮政，科学研

究和技术服务，批发和零售，房地产等行业更多地依赖固定资产投资；金融，租赁和商务服务，批发和零售，废品废料，电力、热力的生产和供应，交通运输、仓储和邮政等行业较多地依赖出口与省外流出的拉动。这种差别说明国家在消费、固定资产投资以及出口和省外流出进行需求结构的调整将会给国民经济各部门的生产扩张带来不同的影响。通过计算大数据产业的依赖度可以发现，通信设备行业对消费、固定资产投资、出口与省外流出的依赖度分别为 1.378924、1.012493 和 0.9518715，即通信设备行业更多依赖于消费以及固定资产投资。通信设备行业的三种最终需求依赖度在全部 139 个行业中的排名分别为 50、34 和 101，对消费和固定资产投资大致处于中端水平，而对出口与省外流出的依赖度则处于末端水平。

电信和其他信息传输服务行业对消费、固定资产投资、出口与省外流出的依赖度分别为 1.351152、0 和 1.37479，即大数据行业更多依赖于消费以及出口与省外流出。通信设备行业的三种最终需求依赖度在全部 139 个行业中的排名分别为 52、并列 42 和 42，大致处于中后位置。电信和其他信息传输服务行业的三种最终需求依赖度在全部 139 个行业中的排名分别为 52、并列 42 和 13，对于出口与省外流出的依赖度较为靠前，而对消费和固定资产投资的依赖度则处于中后位置。

软件和信息技术服务行业对消费、固定资产投资、出口与省外流出的依赖度分别为 13.52179、1.144704 和 2.03554755，即软件和信息技术服务行业更多依赖于消费以及出口与省外流出。软件和信息技术服务行业的三种最终需求依赖度在全部 139 个行业中的排名分别为 5、23 和 25，处于较为靠前的位置。

三、大数据产业的投入产出分析

为了分析贵州省大数据产业对经济运行的整体影响，本书将大数据相关的“电信和其他信息传输服务”、“软件和信息技术服务”和“通信设备”三个行业合并为大数据产业，下面利用投入产出方法中拉动力系数、增加值诱发系数、依赖度系数的概念对其进行分析。

（一）拉动力系数

为比较影响力系数和拉动力系数的区别，分别计算大数据行业及国民经济各部门的影响力系数和拉动力系数，计算结果见表 6-10 和表 6-11。

表 6-10　行业影响力系数排名

排名	行业	影响力系数
66	大数据产业	0.007018
1	仓储	0.012139
2	电力、热力生产和供应	0.011125
3	有色金属及其合金和铸件	0.011051
4	水泥、石灰和石膏	0.010935
5	农药	0.010771
6	石膏、水泥制品及类似制品	0.010079
7	屠宰及肉类加工品	0.010073
8	燃气生产和供应	0.009944
9	肥料	0.009872
10	石墨及其他非金属矿物制品	0.009838
11	谷物磨制品	0.009828
12	铁合金产品	0.009767
13	钢压延产品	0.009695
14	饲料加工品	0.009689
15	基础化学原料	0.009613
16	植物油加工品	0.009538
17	炼焦产品	0.009472
18	玻璃和玻璃制品	0.009462
19	砖瓦、石材等建筑材料	0.009257
20	专用化学产品和炸药、火工、焰火产品	0.00918

表 6–10 列出了 2012 年贵州投入产出表中影响力系数排在前 20 位的部门，以及大数据产业的排名和影响力系数。从 2012 年数据来看，大数据产业的影响力系数排在第 66 位，处于全部 137 个行业中游的位置。其影响力系数是 0.007018，这说明若增加 1 单位大数据产业产品和服务的需求，将拉动 0.007018 单位的生产额。系数小于 1，低于社会平均水平。表中的数据显示，影响力较大的行业大多集中在第二产业部门，说明这些部门对国民经济各部门的生产拉动作用更大，对社会生产有较强的辐射作用。

表 6–11　行业拉动力系数排名

排名	行业	拉动力系数
49	大数据产业	1.284043
1	金属制品、机械和设备修理服务	1.5699633
2	纺织制成品	1.5162354
3	陶瓷制品	1.51206
4	渔产品	1.4977957
5	住宿	1.4931727
6	居民服务	1.4734416
7	开采辅助服务和其他采矿产品	1.4690144
8	金属加工机械	1.4676346
9	科技推广和应用服务	1.4633081
10	广播、电视、电影和影视录音制作	1.4594959
11	黑色金属矿采选产品	1.4594013
12	文教、工美、体育和娱乐用品	1.4577002
13	社会工作	1.4561007
14	农产品	1.4547277
15	教育	1.4540814
16	水利管理	1.4516204
17	有色金属压延加工品	1.4470228
18	租赁	1.4415454
19	批发和零售	1.4415171
20	皮革、毛皮、羽毛及其制品	1.4391766

表 6-11 列出了 2012 年贵州大数据部门以及拉动力系数较大的前 20 位部门的拉动力系数和排名。表中数据显示，大数据产业的拉动力系数排在第 49 位，处于全部 137 个行业中游的位置。其拉动力系数是 1.284043，系数大于 1，高于全部行业平均水平，这说明若增加 1 单位大数据产业产品和服务的需求，将拉动 1.284043 单位的国民经济的增加值。在前 20 位拉动力较大的部门中，除了 8 个行业在第二产业外，其他均为第一、第三产业部门，这与影响力系数的排名结果差别很大。针对大数据产业，结合影响力系数和拉动力系数综合分析，发现大数据产业虽然影响力系数低于社会平均水平，但是行业拉动力高于社会平均水平，说明大数据产业中间消耗较小，在提高国民收入方面具有一定的拉动力。

（二）增加值诱发系数

下面将最终需求分为居民消费、政府消费、固定资本形成，以及出口与省外流出四部分，分别在表 6-12、表 6-13、表 6-14 和表 6-15 中给出了 2012 年贵州省大数据产业以及各产业中增加值诱发系数较大的前 20 个部门的数据和排名情况。

表 6-12　居民消费的增加值诱发系数

排名	行业	增加值诱发系数
33	大数据产业	0.014643
1	道路运输	0.309203
2	农产品	0.289607
3	煤炭采选产品	0.286154
4	批发和零售	0.261414
5	公共管理和社会组织	0.247308
6	电力、热力生产和供应	0.183731
7	货币金融和其他金融服务	0.179966
8	酒精和酒	0.179813
9	土木工程建筑	0.127479

续表

排名	行业	增加值诱发系数
10	畜牧产品	0.126807
11	烟草制品	0.118636
12	餐饮	0.110161
13	教育	0.094061
14	房地产	0.090612
15	房屋建筑	0.079305
16	商务服务	0.047843
17	居民服务	0.044901
18	卫生	0.038024
19	肥料	0.035398
20	有色金属及其合金和铸件	0.034853

表 6–13　政府消费的增加值诱发系数

排名	行业	增加值诱发系数
33	大数据产业	0.033385
1	道路运输	0.704974
2	农产品	0.660295
3	煤炭采选产品	0.652423
4	批发和零售	0.596016
5	公共管理和社会组织	0.563854
6	电力、热力生产和供应	0.418902
7	货币金融和其他金融服务	0.410317
8	酒精和酒	0.409969
9	土木工程建筑	0.290648
10	畜牧产品	0.289116
11	烟草制品	0.270486
12	餐饮	0.251163
13	教育	0.214456
14	房地产	0.206592

续表

排名	行业	增加值诱发系数
15	房屋建筑	0.180814
16	商务服务	0.109081
17	居民服务	0.102374
18	卫生	0.086693
19	肥料	0.080705
20	有色金属及其合金和铸件	0.079464

表 6–14　固定资本形成的增加值诱发系数

排名	行业	增加值诱发系数
33	大数据产业	0.012362
1	道路运输	0.261048
2	农产品	0.244504
3	煤炭采选产品	0.241589
4	批发和零售	0.220702
5	公共管理和社会组织	0.208792
6	电力、热力生产和供应	0.155117
7	货币金融和其他金融服务	0.151938
8	酒精和酒	0.151809
9	土木工程建筑	0.107625
10	畜牧产品	0.107058
11	烟草制品	0.10016
12	餐饮	0.093004
13	教育	0.079412
14	房地产	0.0765
15	房屋建筑	0.066954
16	商务服务	0.040392
17	居民服务	0.037908
18	卫生	0.032102
19	肥料	0.029885
20	有色金属及其合金和铸件	0.029425

表 6–15　出口与省外流出的增加值诱发系数

排名	行业	增加值诱发系数
33	大数据产业	0.0058874
1	道路运输	0.1243208
2	农产品	0.1164419
3	煤炭采选产品	0.1150536
4	批发和零售	0.1051064
5	公共管理和社会组织	0.0994347
6	电力、热力生产和供应	0.0738727
7	货币金融和其他金融服务	0.0723587
8	酒精和酒	0.0722973
9	土木工程建筑	0.0512552
10	畜牧产品	0.0509851
11	烟草制品	0.0476998
12	餐饮	0.0442922
13	教育	0.0378189
14	房地产	0.0364322
15	房屋建筑	0.0318862
16	商务服务	0.0192362
17	居民服务	0.0180534
18	卫生	0.0152882
19	肥料	0.0142322
20	有色金属及其合金和铸件	0.0140133

比较各类最终需求的增加值诱发系数可以发现，和上一部分分析中，除了大数据产业之外其他行业的讨论结果类似，居民消费较大诱发系数所涉及的国民经济部门主要集中在与人们吃、穿、用、住、行等日常生活密切相关的部门。政府消费的增加值诱发作用与居民消费相比存在显著差异，政府支出主要影响的是公共管理、社会保障和社会组织，教育，卫生和社会工作，交通运输等公共消费和社会服务领域的部门。固定资

本形成较大诱发系数所涉及的国民经济部门大多是建筑，交通运输、仓储和邮政，批发和零售，金融，煤炭采选产品，电力、热力的生产和供应等工程建设、原材料生产采购、能源消耗领域的部门。出口与省外流出较大诱发系数所涉及的国民经济部门中，食品和烟草，煤炭采选产品，农林牧渔产品和服务，交通运输、仓储和邮政，电力、热力的生产和供应，批发和零售等资源、农产品以及运输销售领域的行业处于前列。对于大数据行业，居民消费、政府消费、固定资本形成和出口与省外流出的增加值诱发系数分别为 0.014643、0.033385、0.012362 和 0.0058874，即政府消费对大数据行业的增加值诱发最高，其次是居民消费，再次是固定资本形成，最后是出口与省外流出。从 2012 年的数据来看，政府消费以及居民消费对大数据行业增加值的诱发作用更大。

（三）依赖度系数

表 6-16、表 6-17、表 6-18 分别是依据贵州 2012 年投入产出表计算出的消费、固定资本形成以及出口和省外流出的依赖度系数，给出依赖度系数较大的部门和大数据部门情况，便于分析这些部门对各种最终需求的依赖程度。

表 6-16 各部门对消费的依赖度系数

排名	行业	依赖度系数
76	大数据产业	0.7792
1	电子元器件	20393.14
2	林产品	6939.001
3	木材加工品和木、竹、藤、棕、草制品	4874.412
4	土木工程建筑	1443.437
5	房屋建筑	918.3176
6	装卸搬运和运输代理	754.2457
7	玻璃和玻璃制品	180.6276
8	其他食品	97.96122

续表

排名	行业	依赖度系数
9	航空运输	60.33703
10	邮政	59.26327
11	专用化学产品和炸药、火工、焰火产品	46.42017
12	煤炭采选产品	39.43751
13	租赁	37.80863
14	住宿	37.15068
15	石膏、水泥制品及类似制品	32.98824
16	塑料制品	20.85735
17	砖瓦、石材等建筑材料	19.50321
18	酒精和酒	16.75038
19	电力、热力生产和供应	16.45137
20	汽车整车	14.62907

表 6–17　各部门对固定资产投资的依赖度系数

排名	行业	依赖度系数
24	大数据产业	1.040647
1	视听设备	732.7563
2	装卸搬运和运输代理	262.3463
3	航空运输	226.9904
4	仓储	87.94736
5	其他交通运输设备	57.90544
6	采矿、冶金、建筑专用设备	33.02407
7	畜牧产品	18.89944
8	水上运输	10.85714
9	铁路运输	10.26907
10	其他电子设备	9.550801
11	汽车整车	9.083438
12	批发和零售	7.800927
13	研究和试验发展	7.774391

续表

排名	行业	依赖度系数
14	铁路运输和城市轨道交通设备	7.644774
15	电机	7.503692
16	专业技术服务	6.327067
17	泵、阀门、压缩机及类似机械	4.322117
18	房地产	4.083461
19	道路运输	3.107655
20	输配电及控制设备	2.816175

表 6-18　各部门对出口与省外流出的依赖度系数

排名	行业	依赖度系数
100	大数据产业	0.5132354
1	建筑安装	553.79555
2	装卸搬运和运输代理	71.159704
3	新闻和出版	70.422997
4	邮政	48.903973
5	货币金融和其他金融服务	28.199108
6	租赁	21.123886
7	房地产	17.548006
8	批发和零售	13.266546
9	专业技术服务	11.380181
10	道路运输	11.125842
11	商务服务	11.018299
12	谷物磨制品	10.894
13	农、林、牧、渔专用机械	9.4943147
14	合成材料	8.5072465
15	水泥、石灰和石膏	7.4238264
16	渔产品	6.7751019
17	开采辅助服务和其他采矿产品	6.5276845
18	专用化学产品和炸药、火工、焰火产品	6.4166708
19	电力、热力生产和供应	6.1792552
20	钢、铁及其铸件	5.7820065

从以上表中可以看出，单从排名上看，通用设备，石油、炼焦产品和核燃料加工品，煤炭采选产品，电力、热力的生产和供应，金融，租赁和商务服务等行业较多地依赖消费；建筑，非金属矿物制品，非金属矿和其他矿采选产品，交通运输、仓储和邮政，科学研究和技术服务，批发和零售，房地产等行业更多依赖固定资产投资；金融，租赁和商务服务，批发和零售，废品废料，电力、热力的生产和供应，交通运输、仓储和邮政等行业较多地依赖出口与省外流出的拉动。这种差别说明国家在消费、固定资产投资以及出口和省外流出进行需求结构的调整将会给国民经济各部门的生产扩张带来不同的影响。通过计算大数据产业的依赖度可以发现，大数据产业对消费、固定资产投资、出口与省外流出的依赖度分别为 0.7792、1.040647 和 0.5132354，即大数据行业更多依赖于固定资产投资和消费。大数据行业的三种最终需求依赖度在全部产业中的排名分别为 76、24 和 100，大致处于中下游水平。

第三节　总结性评论

综合现有的统计标准和研究材料，本章选择了投入产出表中“电信和其他信息传输服务”、“软件和信息技术服务”和“通信设备”作为与大数据产业概念最为接近的产业进行分析。基于 2012 年贵州投入产出表数据，本章计算了大数据产业及其三个分行业的影响力系数、拉动力系数、在不同需求结构中的增加值诱发系数以及依赖度系数。

根据分析我们发现，大数据产业的影响力系数排在第 66 位，处于全部 137 个行业中游的位置。其影响力系数是 0.007018，这说明若增加 1 单位大数据产业产品和服务的需求，将拉动 0.007018 单位的生产额。大数据产业的拉动力系数排在第 49 位，处于全部 139 个行业中游的位置。其拉动力系数是 1.284043，系数大于 1，高于全部行业平均水平，这说明若增加 1 单位大数据产业产品和服务的需求，将拉动 1.284043 单位的国民经济的增加值。大数据产业的影响力系数虽然低于社会平均水平，但是行业拉动力高于社会平均水平，说明大数据产业中间消耗较小，在提高国民收入方面具有一定的拉动力。从大数据细分行业来看，通信设备、软件和信息技术服务、电信和其他信息传输服务行业的拉动力系数分别为 3.501417、1.314902 和 1.260762，均高于平均水平。特别是通信设备行业的拉动力系数在全部 139 个部门中排名第一。因此，虽然大数据产业整体的拉动力系数只处在全部行业的中游水平，软件和信息技术服务、电信和其他信息传输服务两个行业在 2012 年尚未充分发展压低了大数据产业整体的拉动力系数，但是大数据相关行业对国民经济仍然具有相当的带动作用。

大数据产业的居民消费、政府消费、固定资本形成和出口与省外流出的增加值诱发系数分别为 0.014643、0.033385、0.012362 和 0.0058874，即居民消费对大数据行业的增加值诱发最高，其次是政府消费，再次是固定资本形成，最后是出口与省外流出。这说明居民消费以及政府消费对大数据产业增加值的诱发作用更大。

大数据产业对消费、固定资产投资、出口与省外流出的依赖度分别为 0.7792、1.040647 和 0.5132354，即大数据产业更多依赖于固定资产投资和消费。大数据产业的三种最终需求依赖度在全部产业中的排名分别为 76、24 和 100，大致处于中下游水平。

需要指出的是，本章的结论为基于贵州省 2012 年投入产出表数据所做的分析。一方面，由于统计方法的限制，很多与大数据相关的软硬件服务业与制造业，特别是与传统行业深度融合的大数据服务业部分均统计在其他行业的数据中，难以分离和分析；另一方面，贵州大力发展大数据的举措大多在 2012 年之后，贵州省大数据行业由于近年来的快速发展，当前必然会在宏观层面和产业层面上对国民经济有着更强的带动作用。考虑到以上原因，如今大数据产业在贵州国民经济中的实际影响效果比本书的分析结果更强，但是限于数据可得性，更为精确的结论需要对更加完善和新近的数据进行考察。

第七章
大数据与实体经济深度融合的国际经验

进入大数据时代之后，世界各国对数据资源的利用深度和广度日益扩展。面对大数据技术的日新月异和大数据产业的日渐崛起，各国纷纷将大数据上升为国家战略。纵观全球大数据产业发展现状，各国目前都处于发展初期，同时由于各国大数据的侧重点存在一定的差异，因此，对于大数据与不同产业的融合都还处于应用探索和模式形成阶段。美国大数据与实体经济深度融合是全方位、多层次的，大数据积极渗透到美国发展的不同方面；德国大数据与实体经济深度融合主要体现在优势工业领域与先进大数据技术的结合，带给德国制造业一次新的蜕变和重生；日本大数据与实体经济深度融合是以解决日本国内实际问题为导向，战略偏向务实，侧重于实用性功能开发；英国大数据与实体经济深度融合的总体思路是依托雄厚的科研积淀，以大数据产业加速器为主要路径推动英国大数据战略贯穿英国产业生态。本章通过归纳总结世界主要发达国家在大数据与实体经济融合方面的相关做法和措施，以便为我国大数据与实体经济深度融合提供参考经验与有益启示。

第一节 美国大数据与实体经济深度融合经验

一、美国大数据与实体经济深度融合的主要举措

（一）构筑持续领先的竞争优势地位

20 世纪 90 年代以来，得益于最早爆发信息技术革命，美国信息技术及信息技术产业发展水平长期处于世界领先地位。同样，美国在大数据技术及大数据产业方面也具有显著领先优势。美国是全球大数据的策源地和技术创新的引领者，对大数据技术变革、产业发展导向以及大数据商业模式创新具有至关重要的影响。为持续保持全球领先的竞争优势，美国历来高度重视前沿信息技术发展，本书系统性梳理了美国 2009 年以来所颁布的大数据政策与措施（见图 7-1），并从中捕捉到美国大数据发展的一些基本特征：一是前瞻性布局大数据关键技术研发。2011 年，美国总统科学与技术顾问委员会（PCAST）提出要重视大数据相关技术的重要战略价值。2012 年 3 月，美国政府正式出台“大数据研究和发展倡议”，较早地提出要在多领域多行业多学科积极探索大数据技术开发与应用，强化数据资源利用、深挖数据价值，以此进一步推动美国科学与工程领域的技术创新。二是预见性出台大数据相关政策法规。在注重大数据技术价值、经济价值、社会价值、创新价值的同时，美国政府也高度重视大数据技术及产业发展可能引致的信息安全、数据泄露、数据治理等一系列问题。因此，早在 2014 年，美国政府超前颁布了《大数据：把握机遇，守护价值》白皮书，强调在挖掘大数据价值过程中要兼顾应对大数据发展带来的挑战与风险。三是先导性构建数据驱动体系。高度重

视技术生态建设是美国信息技术产业发展的一个重要特征，因此，美国较早地开展了不同行业数据驱动体系的建设。2016 年 5 月，美国政府在 2012 年大数据倡议书基础上颁布了倡议书 2.0 版《联邦大数据研发战略计划》，特别强调要加快构建“有活力的国家大数据创新生态系统”，注重向更广范围、更深层次推进国家大数据生态体系。

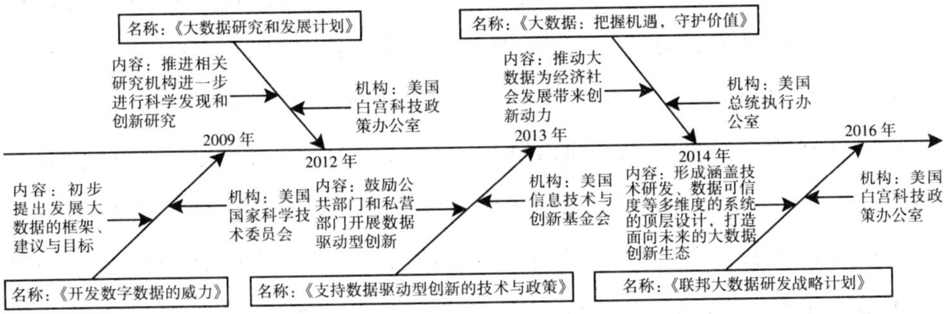

图 7-1　美国大数据政策路线图

纵观美国信息技术产业发展历程，为培育壮大相关产业，美国政府通常以政策支持手段引导和扶持信息技术产业的成长。具体到大数据产业，为巩固和增强大数据先发优势，美国政府主要从以下三方面陆续出台相关政策措施：一是促进大数据技术研发政策。制定相关鼓励和引导政策，支持涵盖政府部门、科研院所、企业等多机构开展大数据技术开发和应用研究，引导大数据技术和应用创新。二是推动公共数据资源开放政策。从政策入手，加快制定有利于公共部门数据开放共享的相关政策，营造数据开放氛围，为大数据技术和产业发展做好“原材料”供应。2012 年，美国政府发起“总统创新伙伴项目”（PIF），深化推动了能源、教育、医疗等多个关键领域的数据开放计划。三是加强大数据风险防范政策。注重从政策角度预防技术风险是美国高技术产业发展的特色之一。2016 年 1 月，就如何合理利用大数据，美国联邦贸易委员会（FTC）从法律层面发布研究报告《大数据：包容工具抑或排斥工具》，报告提出大数据发展的一个重要观点：既能保障人们充分享受大数据技术所产生的红利，也要最小化大数据发展所带来的法律和道德风险。

（二）助推传统信息科技企业掌控大数据产业发展生态

在信息技术领域，掌握了相关技术基础设施架构就控制了产业发展的整体态势，而在个人计算机时代和移动互联网时代美国企业都是技术和产业生态的控制者。在个人电脑时代，由于 Windows 系统的成功，微软牢牢占据着个人计算机市场的 90%以上的份额，掌控着 PC 端生态；移动互联网时代，由于 Android 和 iOS 手机操作系统的成功，谷歌和苹果掌控了移动端生态。进入大数据时代，美国仍然希望由其信息科技企业打造大数据基础设施，进而占据大数据产业生态掌控者地位。大数据产业生态建设是支撑大数据基础应用、兼容其他大数据分析软硬件运行的创新性系统工程。当前，以 IBM、谷歌、高通、英特尔、苹果、亚马逊等为代表的美国传统信息科技巨头在软硬件方面具有绝对优势，并通过收购、并购、参股、控股等手段吸纳新兴的大数据科技企业，加速抢占数据仓库、数据挖掘、数据分析、数据可视化等大数据细分技术和产业的发展前沿（见表 7-1），以逐步构建和掌控大数据全产业链生态体系。

表 7-1 美国主要信息科技企业大数据发展策略

企业名称	主要领域	发展思路	代表产品
谷歌	搜索数据应用	从网页索引转型成为实时数据中心枢纽，涵盖任何可以测量的数据	AdWords、Google Trends
IBM	IT 项目解决方案	为大数据提供工具式开发，成为行业大数据基础设施	Information Analyzer、DataStage、ChangeDataCapture
Facebook	社交数据应用	使用大数据分析，寻找那些与公司目前消费者类似的人群	Facebook IQ、Presto
亚马逊	云计算	塑造大数据环境，为用户提供敏捷的个性化服务	Amazon Web Services（AWS）
微软	数据架构	与公司已有的数据基础设施以及 SQL Server、Hadoop 等产品进行无缝集成	Windows Azure HDInsight、Hortonworks Data Platform for Windows

续表

企业名称	主要领域	发展思路	代表产品
Teradata	数据仓库	推动大数据分析，帮助企业获取商业洞察力	Teradata 数据库、Teradata 数据仓库软件、企业数据仓库、动态企业数据仓库
Cloudera	Hadoop 生态	帮助将企业数据转化成商业价值	Cloudera Hadoop（CDH）
Tableau	数据可视化	帮助人们查看并理解数据	Tableau Public

（三）鼓励各行各业加快大数据技术开发和应用步伐

美国政府历来重视对数据的搜集整理工作，早在 20 世纪 20 年代初期，美国政府就出台相关政策对数据的收集、发布、使用和管理等环节做出了较为细致的规定。经过约 1 个世纪的发展，美国已经形成了较为完善的数据采集和使用制度，诸多领域在此过程中也沉淀了大量数据资源。伴随大数据时代的来临，大数据技术与各行各业融合，为多领域沉淀数据资源的开发利用创造了有利条件，推动行业数据的蕴含潜能和商业价值被激发、被挖掘。从美国大数据主要应用行业及代表企业分类图（见图 7-2）可以发现，现阶段，美国大数据探索应用主要集中于农业、制造业、金融业、零售业、电子商务等领域。以电子商务为例，亚马逊之所以能比其他同类企业更快推出新产品和服务，且不需要经过长时间的调研、访谈、分析等步骤，是因为亚马逊充分利用大数据技术践行贝索斯的“空椅子”理念，即依托大数据技术进一步满足消费者的需要，快速对新产品和服务的购买数据、评论数据进行分析，并快速形成关于新产品和服务是否推广和如何推广的具体意见。

（四）推动构建大数据产业生态体系

从美国大数据产业生态构成图（见图 7-3）可知，大数据产业生态涵盖科研能量、服务平台、人才培养、应用产业和基础设施五个主要组成部分。现阶段，大数据相关技术仍处于新兴的探索时期，因此，科研能量在大数据产业生态体系中具有重要位置，而建立大数据产业生态的核

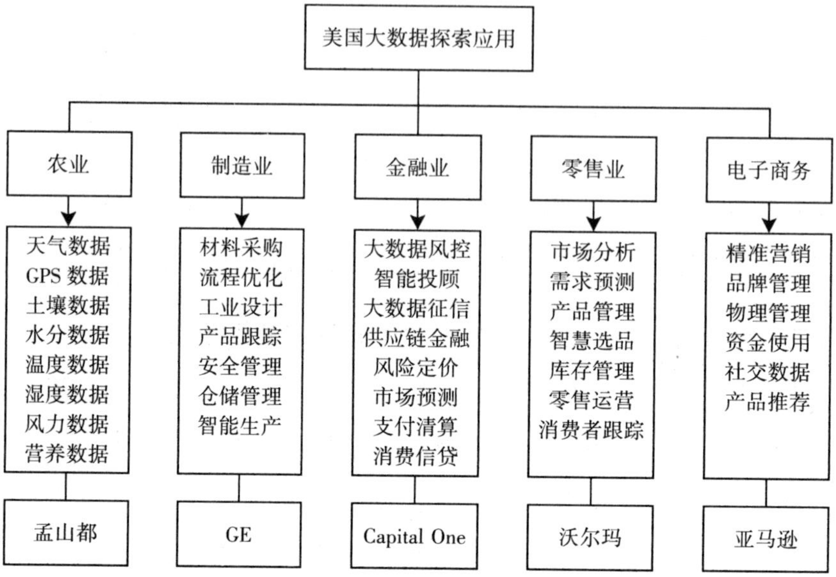

图 7-2 美国大数据主要应用行业及代表企业分类图

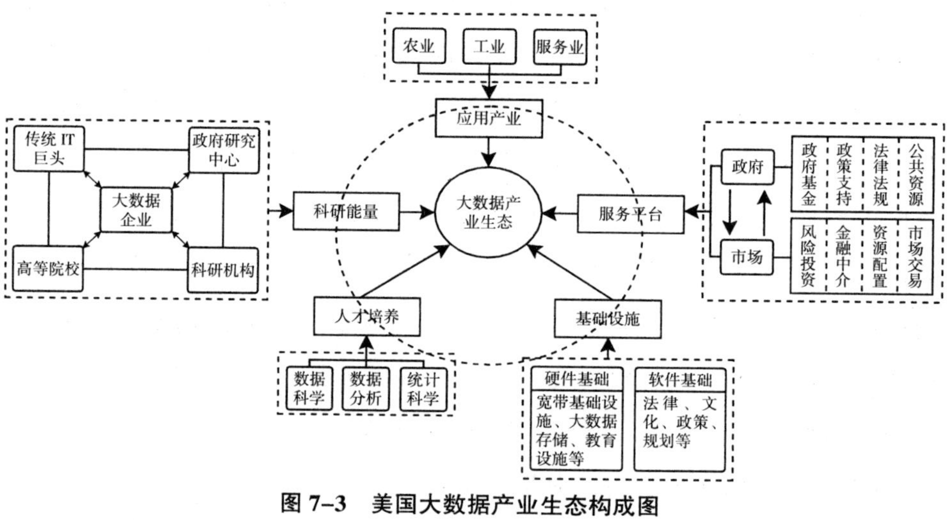

图 7-3 美国大数据产业生态构成图

心在于构筑技术基础。基于实力雄厚的传统信息科技企业和研发力量强劲的科研院所，美国大数据生态体系已经汇聚了较为充分的科研能量，这是其在大数据生态建设中处于领先地位的重要保障。在信息技术产业化和商业化过程中，优势企业往往通过建设免费开源平台，吸引更多合作伙伴，并将其技术创新成果向合作企业开源辐射，催生出一系列基于平台的技术和服务创新。Facebook 数据查询引擎（Presto）就是典型动作，也值得我国大数据企业深入学习。Presto 是 Facebook 于 2012 年开发的、用于大规模数据分析的高性能分布式 SQL 查询引擎，Presto 的架构允许用户查询各种数据源，2013 年，Facebook 正式宣布开源 Presto。为推动 Presto 能够扩大规模并使其社区多样化，2019 年由 Facebook 发起成立 Presto 基金会，基金会成员包括阿里巴巴、Twitter 和 Uber 等多家企业，基金会采用开放和中立的管理模式。Facebook 致力于将 Presto 打造成为大规模分布式数据处理的最快、最可靠的 SQL 引擎。目前应用这一数据分析查询技术的企业包括美国 Airbnb、Dropbox、Netflix、Twitter、Uber，日本 Gree，中国阿里巴巴和京东等全球信息科技巨头。

（五）构建政府数据开放共享的合作模式

只有流通起来的数据才能发挥价值，而各国政府部门掌握了大量的原始公共数据资源。从大数据产业的发展需要来看，政府推动公共数据开放共享是必备动作。加速政府数据流动，才能创造巨大的效益，才符合国家整体利益。美国政府对数据开放持积极态度，认为数据是一项应对公众有价值的国家资本，不应禁锢其流动。从美国数据开放三阶段及主要文件（见图 7-4）可知，2009 年至今，美国政府推动大数据开放共享可以分为三个主要阶段：

（1）酝酿阶段（2009~2010 年），为公共数据资源开放共享做好技术和政策上的前期准备工作。其中，在技术上推动国家级政府开放数据平台 Data.gov 上线，为用户提供数据服务；在政策上颁布一系列支持数据开放的计划和文件，为数据开放提供制度支撑。

（2）实施阶段（2011~2013 年），正式实施数据开放行动。这一阶段的措施包括对 Data.gov 网站进行改版升级、颁布相关增强数据资源开放

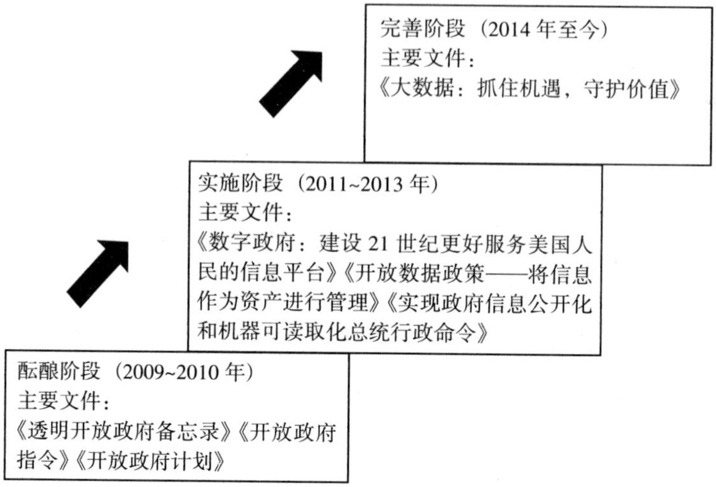

图 7-4　美国数据开放三阶段及主要文件

力度的文件、完善政府数据开放体系、加强数字政府建设、探索数据资产管理等。

（3）完善阶段（2014 年至今），对数据开放过程中出现的短板和不足进行完善。2014 年，在白皮书《大数据：抓住机遇，守护价值》中提出大数据相关的隐私保护政策和立法；2015 年以来，通过举办论坛、峰会的方式促进各行业数据加速开放步伐；到 2016 年 4 月，Data.gov 平台已经涵盖来自 50 个组织的 194738 个数据集，拥有农业、商业、气候、消费者、生态系统、教育、能源、金融、健康、当地政府、海洋、制造业、公众安全、科研 14 个主题。

二、美国大数据与实体经济深度融合的启示

（一）全面推动大数据发展应用

当前，大数据的发展已经成为重塑新时代全球竞争力的重要力量，各国纷纷将大数据作为国家发展的战略重点和制高点。近年来，大数据相关技术迅速地涵盖了各行各业，各领域的大数据应用不断涌现，全球

大数据产业保持良好的增长态势。全球数据量以指数级速度增长，海量数据蕴藏着巨大能量。美国较早地意识到大数据发展的价值，因此将其作为战略性技术全面推动。具体来说，以政府部门为主导全力推动大数据在公共通信和信息服务、能源、交通、水利、金融、公共服务、电子政务等关键领域的应用，保障关键基础设施的数据安全；同时，鼓励和促进企业、高校、科研院所、社会组织以及个人等实现多方互动协作，形成合力推动大数据技术深度应用与创新，确保美国在大数据核心领域保持领先的竞争优势。从美国经验来看，我国应巩固在关键基础设施领域的数据主导性，同时要多措并举调动社会多方力量提高我国大数据科研浓度，注重对关键技术的密切跟踪和深度挖掘，推动各行各业的大数据技术应用，加快应用步伐、加强应用力度、加深应用层次。

（二）全力支持企业自主创新

面对日趋激烈的全球科技竞争，只有依靠创新驱动才能持续发展。企业是最重要的科技创新主体，是实现关键技术突破、推动科技成果转化、促进产学研深度融合的关键载体。从美国信息技术的发展历程来看，在个人计算机、操作系统、电子商务、社交网络等大部分已有信息技术领域，均是由美国企业率先实现技术突破并推进商业化发展，由此可见，信息科技企业强大的自主创新能力是美国信息技术领域形成领先优势的重要保障。从美国经验来看，围绕市场价值和应用前景进行创新活动是促进大数据发展行之有效的路径。具体来说，第一，加快创造良好的大数据科技创新氛围。加强我国创新激励的制度建设，强化知识产权保护制度，让科技创新成为可持续发展的强大引擎。第二，加快形成大数据创新群落。创新群落主要包括三个组成部分：创新生产群、创新分解群，以及创新消费群（见图 7-5）。三者之间呈现紧密耦合、互为依托、高效协同的关系。其中，创新生产群主要包括科研机构、高校、重点实验室、企业研发中心，创新分解群以大中小型企业为主，创新消费群主要包括政府、应用企业和个体消费者。

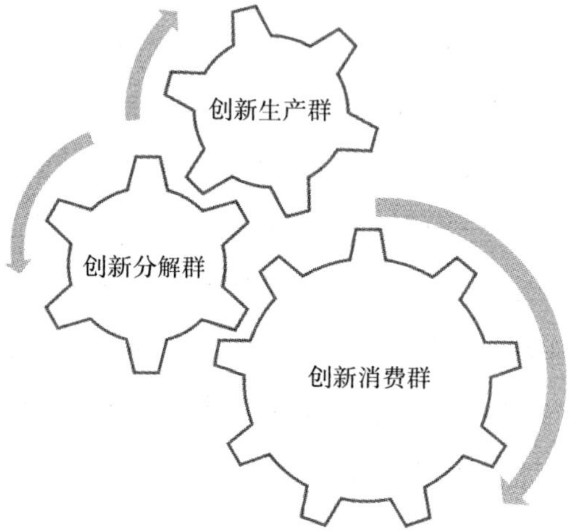

图 7-5　大数据创新群落

（三）加大对大数据技术相关产品的采购力度

政府采购是扶持和培育新兴科技产业的重要方式。新兴科技产业发展过程中，美国政府通常通过技术采购来支撑技术创新和产业发展，典型案例就是美国 20 世纪 60~70 年代集成电路产业的发展以及 90 年代计算机产业的发展，大规模的政府采购有力推动了美国集成电路产业和个人计算机产业的崛起。同时，美国政府长期支付大量资金采购甲骨文、IBM 的数据服务。从美国经验来看，我国应通过增强相关数据服务产品的采购力度来支持大数据领域的技术创新和应用创新。一方面，出台相关采购政策，推动政府部门、国有企业、事业单位等机构优先采购国产大数据相关产品，对大数据产业发展形成直接支持；另一方面，鼓励电子政务、医疗、教育、能源、交通等相关行业推广大数据应用，以公共服务领域推广加大对大数据产品的支撑。

（四）加大公共数据的整合和开放力度

数据资源的开放和共享产生叠加效应和聚合效应，才能有效释放大数据的能量。美国通过制定数据共享的法律框架，并将“共享第一”作为IT共享服务战略的基础范式，全力推动美国公共部门的数据资源开放共享，提高公众对数据共享的重大意义的认识，进一步缩短社会各界的数据资源获得路径。从美国经验来看，我国要加速发挥数据资源种类丰富且规模庞大的天然优势，加速数据资源的整合与开放。第一，构建系统性的数据采集体系。规范化采集优质数据是数据开放共享的前提条件，对数据采集的所有环节包括收集、传输、初步处理、存储等建立标准化操作模块，基于良好运转的数据采集体系实现数据质量和数据规模的双重提升。第二，强化关键数据监测体系建设。应立足于我国公共服务行业发展实际，加快构建关键公共数据开放的整体框架，推动建立交通运输、电力水务、医疗卫生等关键领域数据库，形成快速反应的数据监测体系。第三，加快推动数据开放平台建设。《中国地方政府数据开放报告》显示，截至2019年10月底，我国已有102个地级及以上的地方政府上线了数据开放平台，全国地方政府数据开放平台总数首次破百。在新基建背景下，我国应健全数据开放相关法律法规，致力于政府数据开放平台加速，推动中国政府数据开放生态体系的建设与发展。

（五）加快推进大数据领域产学研用融合发展

推进产学研结合是一项复杂的系统工程，涉及科技创新系统各要素之间的相互联系和作用。大数据蕴含的价值是一个逐步被察觉被重视的过程，产学研融合是大数据价值实现和最大化的重要条件。从美国大数据产学研用体系图（见图7–6）可知，政府、高校、科研机构、企业之间长期的协作关系，已经促进形成了联合开发、优势互补、成果共享、共创市场的高效科技成果转化体系，合力推动大数据技术进步与产业发展。从美国经验来看，我国应从以下几方面加强大数据产学研体系建设：第一，成立专业指导组织，科学推进大数据发展。我国已有的大数据指导组织包括大数据发展促进委员会、国家大数据专家咨询委、国家大数据创新联盟等宏观指导组织，但目前关于大数据发展的细分组织如推动大数据与实体经济深度融合的组织却较少，应成立更多更具专业指导性的社会组织，更广泛地推动大数据应用。第二，鼓励“产教融合”校企合作。鼓励科技企业与高校、科研院所通过组织技术竞赛、建立联合研究院、共建创新创业中心基地等多种形式，从科研和市场双向推动大数据研究和应用。第三，推动公共服务领域的大数据科研项目。应优先推动交通、医疗、市政、环保等数据积累量和生成量较多的公共服务领域加强与大数据企业的合作，促进大数据技术从战略和规划落向实处，并以此提高我国公共服务效率，推动大数据治理体系建设。

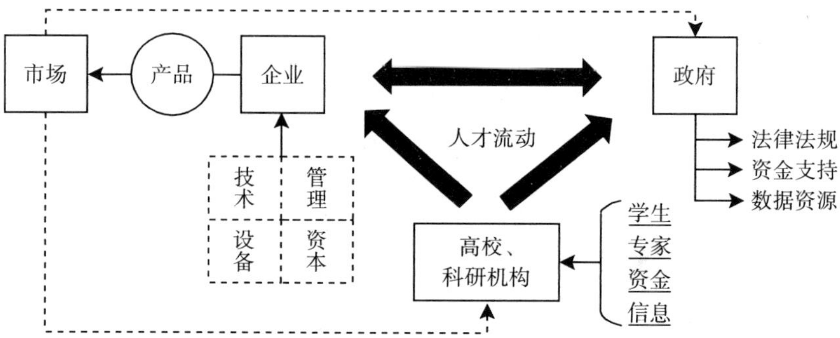

图 7-6　美国大数据产学研用体系图

第二节　德国大数据与实体经济深度融合经验

一、德国大数据与实体经济深度融合主要举措

（一）促进大数据产业与装备制造业深度融合

装备制造业是资本、技术、劳动等多要素密集型基础性产业，是现

代制造业的脊梁，也是各国制造领域竞争的核心。德国装备制造业的发展能够长盛不衰并长期居于全球领先位置，除了其完善的市场制度与法律框架、工业标准和质量认证体系之外，还有对前沿技术的吸纳和消化。在信息技术飞速发展时期，德国的发展重点仍在制造领域，并提出了以数据为核心驱动的“工业 4.0”计划。2013 年，在汉诺威工业博览会上“工业 4.0”的概念被提出，这是德国装备制造业从传统制造转型走向智能制造的关键举措。在“工业 4.0”计划中，大数据技术发挥的作用至关重要。基于物联网和大数据技术的数据采集系统，实现相关设备如生产装备、感知设备、联网终端不断地生成即时数据，产生的制造数据将会渗透到企业运营各环节、价值链重塑乃至工业产品的生命周期，有力推动制造业产品质量提升。

（二）依托大数据技术优化各制造环节

从发展实践来看，德国注重通过大数据技术巩固其在制造领域的优势而非单独推动大数据产业的发展。在大数据与制造业融合过程中，德国主要应用大数据技术进行技术创新和优化管理，进一步提升制造整体效率，主要体现在以下三个环节：第一，运用大数据技术降低生产环节上人为因素失误。德国工业界长期坚持一种观点，即各生产环节上的人为因素不可避免地产生一些微小失误，各种各样的“小错误”在流水线上形成集聚而逐级放大，最终累积的人为因素会在事件序列中引发事故或降低产品品质。而通过大数据技术可以对生产规律进行精细化提炼，有效剔除人为参与因素或对人为因素容易造成失误的环节进行纠偏，最大限度地减少人为失误。第二，运用大数据技术推进产品营销和销售智能化。从实际来看，德国制造业已经具备高度的自动化、精细化和智能化，设备综合效率极高，优化与改进空间相对有限。但在工业产品设计和销售方面却有极大的提升空间，这也成为了德国大数据与制造业融合的一个主要方向。第三，运用大数据分析降低企业管理和经营上的不确定性。在管理与经营环节上德国也同样致力于降低人为因素，典型的案例如德国闻名于世的企业经营管理软件。在企业资源管理（ERP）、生产执行系统（MES）、产品生命周期管理系统（PLM）等企业管理软件方面，德国拥有一批优秀的软件服务供应商。

（三）建立面向制造业的可信数据网络空间

得益于卓越的产品品质，德国制造在世界范围内成了质量和信誉的代名词。但是由于以往制造流程中关于数据采集的技术和方法相对薄弱，因而德国在设备诊断与健康管理方面仍存在较大拓展空间。大数据技术可以聚合不同生产环节上的离散数据，形成可信数据网络空间，提升制造业的设备诊断与健康管理能力。数据空间映射数据和数据关系，解决数据组织之间的问题，但是对于数据安全、数据主权等问题缺乏良好的解决路径，并且可拓展性不强。可信数据空间（Trust Data Space）是基于传统数据空间，在数据安全得到保证的情况下，支撑与主体相关的多样性多维度的数据业务需求。其中，“可信”主要是指数据与用户之间的信任关系，德国制造业通过提供标准接口连接不同的数据合作伙伴，推动实现合作伙伴之间相互认证。“数据网络空间”是连接工厂、运输和客户三方的数据处理和应用基础设施，实现了包括数据合作者、生产设备、控制设备、各类传感器等数据相关方的大连接。德国弗劳恩霍夫协会从2015年起开始推进可信数据网络空间项目，截至2018年6月，可信数据空间项目已经得到安联保险、拜耳医药、大众等世界知名企业的参与和支持。

（四）渐进有序整合和开放公共数据

德国公共数据开放有其独特之处，即在数据开放评估基础上，以较为审慎的态度推进数据开放服务。第一，以严格的数据开放评估降低开放风险。决定是否开放某一项数据，德国通常由政府信息技术部门、开放知识基金会、开放数据社群等社会组织联合发放一份开放数据评估问卷，问卷包括参与/社群、技术/数据、领导、组织、学习能力五个方面内容，通过打分形成一个数据开放程度结果，依次为远见、专业、熟悉、理解、不明。第二，以严密的法律体系实现规范化数据保护工作。德国有着较为严格的数据保护制度，是从法律层面进行数据保护的先行者，为了防止因数据泄露导致的侵犯隐私行为，德国在全球较早颁布了相关法律政策来规范人们的数据获取行为。从时间线来看，1954 年德国联邦法院在审理案件中就将隐私权作为一项受到德国民法典保护的独立的人格权，1970 年德国黑森州出台了首部地方性数据保护法，1978 年德联邦层面的数据保护法生效，2009 年德国颁布经修订的现行《联邦数据保护法》。在推进国家层面的数据立法过程中，德国也推动了电信、媒体、艺术等特殊领域的数据保护，并颁布实施了《电信法》《媒体法》等专门法规。第三，渐进审慎推动数据资源开放。德国对数据资源开放持相对审慎的态度，整体开放计划偏向保守有序。德国在数据开放上较为务实，虽然知道数据开放是大势所趋并明确了数据开放这一目标，但不强求一步到位、极速推进地完成所有动作，而是步步为营、渐进有序地做好每一个环节。德国的数据开放一般由政府主导全过程，其中数据的收集和存储主要是由政府建设大型基础数据库和地方数据库来实现，数据用途主要是支持政府管理、政务服务以及相关经济社会决策。

（五）实施“智慧数据”技术项目助力工业 4.0

伴随大数据技术的发展，可以从规模庞大、种类繁多、来源多样的数据中挖掘大量有价值的信息，推动实现资源节约、新产品研发、效率提升的目的。为了更好地助力工业 4.0 发展，更好地发挥项目协同作用，德国政府在 2014 年专门启动了“智慧数据”技术创新项目。该项目旨在鼓励信息科技企业、制造企业、高校、科研机构以及中小企业共同展开协作，挖掘数据资源蕴含的能量，推动制造领域大数据发展。该项目是德国在数据领域的一次弯道超车计划，主要包括四方面目标：一是通过挖掘数据潜力，开发创新型系统解决方案、提供创新型服务；二是通过一系列的制度设计，推动数据拥有方和使用方在一个安全、可靠的环境下运用数据资源，优化大数据发展环境；三是为德国的隐形冠军提供数据支撑，帮助广大中小企业能够享有数据服务；四是与工业 4.0 相关项目产生协同效应，让数据更好地服务于德国制造业发展。

二、德国大数据与实体经济深度融合的启示

（一）加快推动我国制造业可信数据空间建设

制造业是国民经济的主体，是国家硬实力的集中展现。我国已经成为全球制造业第一大国，拥有独立的、完整的、全面的工业体系，是唯一拥有联合国划分的全部工业体系的国家。当前，中国制造业正处于由规模扩充到质量提升、由跟随模仿到创新突破的关键阶段，应充分发挥大数据、人工智能等新一代技术驱动，增强制造领域的产品设计和研发创新，进一步提高企业与用户的交互程度，推动重构新型企业与客户关系，以提升产品质量为主线引导推动制造模式、产业模式、商业模式和服务模式演变。从德国经验来看，我国应重视大数据技术在制造业领域的应用，推动龙头制造企业依托工业互联网平台，与上下游产业链企业实现深度互联，打造全产业链信息数据链，提升信息、物料、资金、产品等配置流通效率，加快推动制造领域和制造环节上的多源数据融合，促进实现高度复杂数据关系挖掘，加快建立一个安全、可靠、多方合作的制造业数据空间。

（二）加快推进智能制造步伐

基于大数据技术实现生产规律和生产经验的制造流程固化是德国制造业的做法，即充分应用大数据技术来驱动制造业智能化发展。德国制造业利用数据改进制造流程的思路如下：首先，对制造各环节中的相关数据进行采集、存储和加工；其次，围绕具体制造产品生产流程进行建

模分析；最后，基于数据分析的结果优化生产流程。当前，我国制造业的大规模低成本优势已经不再显著，企业在关键核心技术和核心零部件上对国外仍存在较强依赖，“卡脖子”问题依然未得到良好解决，核心技术创新能力薄弱，高端制造产品质量可靠性不高。当前，我国正深入推进供给侧结构性改革，而提升产品质量则是供给侧改革的重要内容。从德国经验来看，一方面，我国要加大在制造领域的大数据技术应用力度和深度，挖掘和集成各生产环节上的数据，围绕提高制造产品质量积极开展流程优化、产品监督、质量管理和库存管理等多种业务，以大数据技术为契机助推中国制造领域弯道超越；另一方面，我国应充分利用大数据技术对产品研发设计、产品生产、产品运输、产品运维等不同环节的数据进行采集和分析，通过相关系列数据的整理分析并充分与市场波动情况相结合，增强制造企业与消费者之间的社交互动，进一步推动产品设计和生产工艺的优化，切实促进制造产品质的提升。

（三）促进数字化供应链建设

现阶段德国从生产制造方面直接改进的空间相对较小，而在流通和商务领域却依然存在很大的拓展空间，其中大数据与产品流通领域的结合是一个重要拓展方向。制造业供应链管理通常包括采购、制造、仓储、分销等诸多环节，但供需信息偏差导致过程中的不确定性较高，德国从实际出发，积极通过大数据促进供应链转型，不断降低从生产源头到销售终端过程中存在的风险，推动形成数字化供应链体系。从德国经验来看，一方面，我国应充分运用大数据技术大量收集市场消费数据并进行综合处理分析，预测和感知消费者需求，获取供应链中不同参与者的数据，掌握制造企业从订单获取到订单交付的全过程；另一方面，应加快扩充数据源，打通连接供应链上下游各个环节数据，从外部和在线渠道挖掘历史和实时数据，围绕可追溯性、采购和仓储三个主要信息孤岛进行优化，推动制造企业供应链的持续调整。

（四）增加大数据对中小微企业发展的助力作用

中小企业占德国企业总数90%以上，是德国工业和服务业的支撑性力量，在经济体系中有着举足轻重的地位，因而德国强调大数据技术对中小企业的支撑和服务。同样，对于我国而言，中小企业在扩大就业、活跃市场、促进社会稳定和国民经济结构布局等方面发挥着重要作用。相关统计报告显示，2018年全国工商注册的中小企业总量超过7000万家，在全国企业总数中占比超97%，其中大部分为民营企业。从目前大数据发展形势来看，大企业特别是具有优势地位的信息科技企业掌握着大数据技术和产业的发展方向，而中小企业只能成为大数据应用生态的组成部分。从德国经验来看，我国应加快公共数据服务平台建设步伐，充分考虑广大中小微企业的实际需要包括信息、测试、资金等多方面内容，切实鼓励和支持中小微企业积极应用大数据技术，保障中小企业在大数据技术浪潮中不落伍。

第三节　日本大数据与实体经济深度融合经验

一、日本大数据与实体经济深度融合主要举措

（一）务实推进大数据应用开发

全球各主要国家都格外重视大数据产业的发展，视大数据为重要的发展机遇。日本政府将大数据发展作为解决其面临的人口老龄化、社会缺乏活力等一系列现实问题的手段之一，使大数据成为助推日本竞争力提升的重要工具。总体来看，日本大数据发展思路比较务实，以具体问题为导向，以与医疗、能源、交通等公共服务领域结合为着力点，注重

实绩实效。早在 2013 年，日本内阁就公布《面向 2020 年的 ICT 综合战略》，提出日本要“活跃在 ICT 领域”的目标，系统性阐述了 2013~2020 年期间以发展开放公共数据和大数据为核心的国家 ICT 战略，并重点关注大数据与传统产业技术创新、医疗技术开发、智慧城市等多领域协同发展。另一个典型的务实应用是从 2014 年开始，日本内阁府在每月公布的月度经济报告中采用互联网上累积的“大数据”作为新的经济判断指标。同时，为了推动大数据技术在日本的广泛应用，日本相关政府部门发挥了示范性作用，主要做法包括：将电子政府建设与大数据相结合，日本内阁早在 2001 年就提出“电子政府的实现”这一目标，进入大数据时代之后，日本与时俱进提出要营造大数据的使用环境，并增强政府数据的处理效率；推出数据分类网站 data.go.jp，推动不同政府部门和机构的数据共同使用，向数据提供者和数据使用者开放数据；鼓励相关部门通过使用大数据技术来提高政府行政效率。

（二）鼓励信息科技企业和制造企业开发大数据业务

信息技术企业在开展大数据业务方面具有先天性优势，因此日本政府鼓励 NEC、软银、日立、富士通等有实力的日本信息科技企业进行大数据业务开发，包括数据存储、数据挖掘、数据分析等。同时，日本产业界知名的制造企业、科技企业将日本高端制造领域多年积累的经验和优势与大数据产业相结合，推动新业务的创新与开发。如 2013 年日立就设置了全球创新分析中心（HGC-IA），专门为客户提供涵盖商业咨询、技术支持、大数据分析服务和系统解决方案等服务。

（三）将大数据人才培养作为重要课题

当前，在大数据领域呈现一个普遍性矛盾，即各行各业对大数据人才的高需求与大数据人才的大规模缺口，这一矛盾在日本也很突出。2013 年，根据高德纳发布的调查报告，约 60%的日本企业积极考虑应用大数据，并预计应用企业规模将持续增加，但是日本的大数据人才短缺也愈发凸显。野村综合研究所 2014 年发布的报告认为，大数据领域专业人才的短缺会给日本企业的大数据商务运营带来困难。2018 年日本内阁府估测称，预计到 2020 年日本的大数据相关人才数量不超过 5 万。对此，日本政府将培养大数据人才作为一项重要课题，并在 2018~2019 年《综合创新战略》提出相关对策建议：在 2020 年前，统一农业、医疗、保健、防灾等相关领域的数据格式和标准，为数据使用创造良好条件；在 2025 年以后，设定了年均 1 万人增长速度的大数据人才目标；为大数据相关项目提供充足科研资金，加大对 40 岁以下的大数据科研工作者的培养力度。

（四）成立数据开放推进联盟

日本在公共数据开放方面紧跟美国步伐，持续推动公共数据开放。日本的做法主要包括三方面：一是优先探索公开电子政务数据。早在 2012 年，日本 IT 战略本部就初步拟定了“电子政务开放数据战略”，有序推进统计信息、测量信息、灾害信息等公共信息的标准化工作，建立了跨部门的数据检索平台，加速推动日本各级政府网站向公众开放数据。二是加快数据公开步伐。日本对于隐私和信息保护的态度与德国较为相似，都是比较慎重，因而政府公共数据的开放步伐相对较慢。为加快公共数据开放步伐，日本政府探索通过匿名化技术和对个人信息保护法进行适当修订来增强数据流通性。三是成立数据开放推进联盟。基于“用国家经费收集或生成的数据属于国民的共享财产”的数据权属观点，日本创新性地成立了数据开放推进联盟，以数据联盟的方式来推动数据开放。其中之一的联盟如“开放数据流通推进联盟”就是由日本总务省情报流通行政局指导、三菱综合研究所牵头成立的产官学联合组织。

二、日本大数据与实体经济深度融合的启示

（一）强化大数据的务实应用导向

当前，我国社会主要矛盾已经转化为人民日益增长的美好生活需要和不平衡不充分的发展之间的矛盾。在大数据发展机遇下，我国应充分借鉴日本务实利用大数据的经验，依托大数据技术切实有效助力解决我国经济社会发展中的主要矛盾。从我国经济发展实际来看，一是依托大数据助力精准扶贫，强化我国贫困人口数据库建设，动态分析各贫困区域发展态势，创新扶贫手段，利用大数据提高扶贫效率；二是依托大数据服务民生领域，加速大数据在医疗、养老、教育等民生领域的应用，利用大数据提高公共服务效率，切实解决人民生活中遇到的实际问题；三是依托大数据提高社会治理能力，利用大数据密切追踪分析各方面社会问题，强化社会舆情关联分析，推动社会治理决策科学化和治理方式精细化。

（二）加快公共基础数据整合速度

大数据是新时代的“数字宝矿”，公共基础数据则是国家大数据产业发展的基础支撑。要积极借鉴日本的政府数据开放经验，以政府为主导推动公共基础数据整合。具体包括以下两方面内容：一方面，推进数据标准化体系建设。积极通过多部门讨论协商，共同研究制定数据采集标准、分级分类标准、数据交换标准等，加快完善大数据相关标准规范，切实提高数据资源有效利用率。另一方面，加快出台更加详细的政府公共数据公开计划，推动国家公共基础数据开放共享进程。同时，要加快推动建立省、市、县三级政府数据交换共享平台，打通数据资源横向和纵向的流通和交换渠道，有序向公众开放公共基础数据资源，促进公共数据资源得到高效利用。

（三）政府率先使用大数据产品和服务

从日本经验来看，政府率先使用创新技术和成果可以发挥良好的市场示范效应。我国应从以下几方面加快大数据产品和服务的使用。第一，率先使用大数据技术处理自身数据。伴随数字政府的到来与智慧政务发展新趋势，政府部门对新一代信息技术的利用强度不断提高。尤其是政府部门在医疗、教育、住房、能源等领域积累形成了海量数据，政府部门应探索在这些公共领域使用大数据技术，充分利用大数据技术处理相关数据资源。第二，依托大数据提升政务智能化。应加大对大数据产品和服务的采购力度，将大数据产品深入应用到政务服务中，提高政府公共服务的普及性、便捷性和实用性。第三，强化大数据技术对社会舆情数据的分析。大数据对于社会治理的重要性不断提高，政府部门应注重利用大数据技术分析微博、微信、抖音等社交媒体数据，推动建立社会舆情数据立方体，提高预判处置能力和科学决策能力。

（四）加快我国大数据人才队伍建设

大数据产业已成为具有战略意义的前沿性、高端性新兴产业，受到社会各界高度关注，同样大数据人才的紧缺也受到全社会的高度关注。从日本经验来看，我国应从高层次人才和基础性人才两个角度入手，加强大数据人才队伍建设。一方面，加大大数据高层次人才引进力度。应进一步完善创新型人才引进政策，加强创新科学高效的人才管理制度建设，积极聘请大数据科技海外领军人物，加强高层次人才引进制度建设，尤其是对大数据关键性技术人才的引进，同时要推动国内大数据人才参与国际性项目。另一方面，加大大数据基础性人才的培养力度。引导和支持高校在数据分析、数据挖掘、数据科学等方面的学科建设，鼓励高校和企业在科研项目、学生培养等方面加强合作，从理论性和实践性上同步提高我国大数据基础性人才层次，夯实我国大数据基础人才质量。

第四节　英国大数据与实体经济深度融合经验

一、英国大数据与实体经济深度融合主要举措

（一）侧重于大数据的数字化战略

“两百年前的工业革命用前所未有的方式开创了历史，现在我们用大数据的形式来进行生产和提供服务同样是在创造历史。”这是英国政府内阁办公厅大臣弗朗西斯·莫德的观点。可见，英国政府对于大数据抱有较高期望。2017 年，英国政府正式出台数字化战略（UK Digital Strategy），提出了七个方面的内容：

（1）增强连接性，加快建立世界一流的数字化基础设施。

（2）提升技能与包容性，为每个人提供掌握其所需数字化技能的途径。

（3）推动数字化部门建设，让英国成为建立和发展数字化业务的最佳平台。

（4）宏观经济，帮助每一家英国企业顺利转化为数字化企业。同时，英国政府提出要建立大数据产业加速器，即通过政府整合技术、人才、资金等产业生态发展需要的资源，孵化推动一批大数据企业的发展。

（5）网络空间，让英国提供全球最为安全的在线生活与工作环境。

（6）数字化治理，确保英国政府在全球在线民众服务方面处于领先地位。

（7）数据经济，释放数据在英国经济中的重要力量。从报告中可以发现，推动大数据、人工智能等新技术研究是战略的重要组成部分，英国希望以此提升其在数字化时代的竞争力。并且报告设定了明确途径，要

求英国在推进数字化业务、试用新型技术或者实施先进技术研究方面占据优势地位，并将此作为政府计划的一部分以将英国建设为一个现代化、具备动态的全球性贸易大国。

（二）依托雄厚的科研实力

虽然英国在信息技术创新方面落后于美国，但是作为工业革命的发源地，英国具有深厚的科技研发实力和一流的科研队伍。英国充分利用其众多世界顶尖的科研机构、高等学府的科研力量，发挥这些研发机构在数据科学、算法、软件开发等信息技术领域的科研实力，增强大数据技术竞争力。英国的雄厚研发实力为其大数据领域发展带来很大助力，如著名的阿尔法狗（AlphaGo）就是由伦敦谷歌旗下的 DeepMind 公司研发的。同时，英国政府投入大量资金用于提升大数据领域的研发活动。2013 年 4 月，英国经济和社会研究理事会（Economic and Social Research Council，ESRC）宣布投入 6400 万英镑用于大数据研发，其中一半以上资金用来建立“行政数据研究网络”，以促进政府数据对科学研究、政策制定和执行的作用。

（三）构建“数据银行”推动数据开放

2014 年，英国智库 Policy Exchange 报告显示，英国政府通过高效使用公共大数据技术每年可节省约 330 亿英镑，因此英国对大数据、对政府数据开放共享的态度非常积极。构建统一的数据开放平台是英国推进数据开放共享的主要思路，目前英国的数据公开平台有两种类型：一是数据银行。2009 年，在万维网之父蒂姆·伯纳斯·李爵士的帮助下，英国政府推出“英国数据银行”平台（date.gov.uk），该平台授权公开英国财政、交通、教育等政府部门相关数据，并根据公众反馈意见进行平台优化。二是数据开放所。2012 年，英国成立了全球首个非营利性开放式数据研究所 ODI（The Open Data Institute），该平台以互联网为媒介将人们提供的数据汇聚到统一平台，并通过云存储等新兴技术手段实现海量数据存储。目前 ODI 已经应用到土地、气象、环保、市政等多个领域。

（四）加速推动大数据应用于各行各业

大数据战略没有仅仅停留在口号上，英国政府积极推动大数据与各行各业融合。以医疗、行业为例，其代表性做法有：在推动大数据与医疗行业深度融合方面，英国政府通过建立医疗健康大数据旗舰平台（care.data），整合了全英国家庭医生和医院记录的病例、社会服务信息，并推动医疗数据资源的统一归口、共享、分析，以便能够更好地为病患提供精准的医疗服务方式。在推动大数据与航空业深度融合方面，英国航空部门从技术和商业两个维度加强大数据技术在航空领域的应用。从技术角度来说，通过大数据技术提高飞行设备的稳定性，适用于飞机修理、维护、停机管理、燃料消耗等多种场景，提高检测、调查、预防和故障维修的效率，有效提高设备的安全性和稳定性。从商业角度来说，通过大数据分析客户数据以便更好地服务于客户，实现传统航空商业模式的转变。

二、英国大数据与实体经济深度融合的启示

（一）充分利用大数据塑造国家竞争力

大数据对提高国家竞争力具有战略意义，并已逐渐成为塑造国家竞争力的重要力量。未来评价一个国家的重要指标之一就是数据开发和应用能力。从我国大数据发展现状来看，我国在数据资源拥有量上具有绝对优势或者天然优势，而大数据技术创新和商业模式创新尚处于探索阶段。因此，我国要想在大数据发展的机遇期有所创新、有所作为，就要充分研究数据要素的特性和数据产业的发展规律，强化全民数据意识、切实推动数据流转，实现大数据产业与国家发展需要高度契合，让大数据成为助力我国高质量发展的强大引擎。

（二）夯实大数据产业发展基础

夯实大数据产业发展基础是推动大数据发展的必要条件。我国应充分抓住新基建浪潮，推动国家数据基础设施建设，具体应从硬件和软件两方面着手：一方面，从硬件基础设施来说，我国应加快完善数据中心设计、数据传输网络规划、计算存储设置等方面的布局，并进一步加强大数据处理平台系统、深度学习软硬件框架、数据安全方案等技术基础设施的建设。另一方面，从软件基础设施来说，需要在数据立法、数据开放、数据文化等方面开展更积极的工作，提高全民的数据意识。同时，我国要加大对大数据产业发展的财政支持力度，进一步完善政府采购大数据服务的配套政策，推进出台实施大数据产业生态中的相关企业享受税收优惠政策，全方位、多角度为大数据发展提供政策支持。

（三）加快大数据开放共享平台建设

大数据开放共享平台是推进大数据产业化、市场化的必要条件。综合现有数据平台来看，当前大数据平台主要分为政府数据资源开放共享平台和数据交易平台两种类型。对于数据开放平台，应基于数据开放共享的具体内容、标准规范、适用范围等实际要求，统筹构建中央部委、省、市、县各级政府的综合数据资源开放共享平台，推动实现相关公共数据的互联互通、开放共享。对于数据交易平台，应在互利共赢、有序推进、互联互通、协调发展的原则下，系统性推进大数据交易平台的布局和建设，避免同质化平台的出现。

第八章
大数据与实体经济深度融合典型案例分析

第一节　大数据与农业深度融合案例分析

“大数据+农业”是贵州省发展现代高效农业的重要技术支撑，有助于降低人力资源成本，扩大生产规模，增加农业产业链价值，提升农产品市场竞争力，促进绿色发展，实现农业现代化。按照《贵州省大数据助推农业产业脱贫攻坚三年行动方案（2017~2019年）》的要求，贵州省围绕“一个框架、两大支撑、三个统一、四大体系”的目标，大力提升农业信息化应用服务的深度和广度。“一个框架”，即在“云上贵州”构建贵州农业云框架，为农业应用提供基础设施及服务、平台及服务。“两大支撑”，即以贵州农业大数据中心、一张图平台为基础，实现涉农数据的整合集成、开放共享与地图可视化分析。“三个统一”，即统一标准、统一数据、统一管理，在云框架下，统筹建设，共享数据。“四大体系”，即构建农业数字（监测感知）、农业生产管理、农产品市场销售和农业监管服务，并以此为基础，构建农业产前、产中、产后的多个应用系统。

随着一系列“大数据+农业”的创新实践的积极推进，贵州省涌现出了一些大数据与农业企业深度融合的案例。

在水城县米箩镇润永恒猕猴桃基地，经初步测算，通过气象信息采集系统、智能浇灌系统以及虫情测报系统等科技手段，帮助人工成本降低 36.5%。

贵阳修文县农业投资开发有限公司开发的修文猕猴桃大数据系统，通过大数据将传统的小农生产方式转变成了工业化的生产模式，初步实现了农业生产管理的精准化。

在数据采集方面，大数据系统平台通过果园前端的气象站和探测器，收集并记录果园气候信息、土壤信息、果树生长变化等多种信息。在数据分析方面，通过对果树生长、灾害灾情以及农业设施进行数学建模，平台能够精准掌握果树生长周期和规律，精准计算施肥、用药、授粉等农事活动的实施时间和用量大小，精准分析并制订农事活动的实施计划，根据实施计划向农户精准下达实施指令。

另外，每个果园都有一个终身唯一的身份证码，实现历史用肥用药、农事活动、气候信息、灾害等数据全部可追溯。目前，平台已覆盖修文县 7 镇 3 乡 236 个果园 5.127 万亩，占修文猕猴桃种植面积的 31.9%，实现了每亩产量提高 20%、每亩投入降低 20%、每亩增收 500 元的可喜成果。

同样借助大数据实现农民增产增收的还有瓮福集团的福农宝平台。

福农宝，最开始是帮助农户进行测土配肥的服务平台，服务于瓮福集团的化肥生产和销售。现在，福农宝平台通过收集农业生产中土壤、种植作物等各环节的历史数据，能够实现对农民农业生产过程和生产状态进行分析，为农户提供农资在线采销、农机租赁、农产品销售、农技辅导等农业服务，并为农户建立信用体系，提供“福农白条”金融融资和贷款服务，帮助农户解决融资难、产品销售难等问题。

目前，福农宝在黑龙江、河南、福建、四川及贵州等多个省建立了上千个服务站体系，可以为 3500 千米之外的黑龙江通河县农户提供农业服务和整套生产方案。

2017 年，在瓮福集团对口扶贫的榕江县，福农宝平台通过对当地的土壤、气候、种植历史等数据进行分析，发现当地的气候非常适合反季种植胡萝卜。通过进一步分析胡萝卜的市场价格走势数据，发现当地胡萝卜种植成本约为每斤 0.4 元，远低于每斤 1~1.8 元的市场价格。2017 年 10 月，瓮福集团与榕江县的喜江葛佬生态合作社签订了 120 亩胡萝卜订单种植协议。同时，瓮福集团与多家市场采购商达成了销售意向，意向成交价格每斤超过 1.2 元，贵阳市部分批发市场销售价格达每斤 1.8 元左右，产生了显著的示范效应。

在推进农产品电子商务方面，罗甸县已建立农村电商店 130 个，参与"互联网+农产品"电商销售的农业企业达 14 家，2017 年火龙果电商销售额突破 1100 万元。在加强基础设施建设方面，白云区进一步提升蓬莱仙界农业园区功能，完善智慧农业体验馆、贵电商馆基础设施建设等。

在抓好特色产业培育方面，白云区引进黔承台湾精致农业展示观光园，建成温室大棚 3 个，实施立体生态科技种植，采取立体生态循环水肥一体化种植方式，立体无土栽培 3600 余平方米，室内种植羊肚菌 2000 平方米，带动瓦窑村村民发展种植面积达 5000 平方米；支持贵阳市白云区绿丰开心农场发展智慧农业，在阿所村建成精品果园 200 亩，分别种植脆红李、甜柿、翠玉梨、软籽石榴等；支持贵州高山百益食用菌发展有限公司发展食用菌菌种研发、生产、加工一体化，目前，生产销售食用菌菌种达 1000 万袋，依托公司技术支撑，带动扁山村发展冬荪种植达 100 亩，种植天麻、羊肚菌等特色产业达 20 余亩。

同时，该区还积极与科研院校合作，申报科研项目，依托贵阳市农业云项目，试点开展精品果蔬溯源监管系统。该区申报实施的"都市现代农业园区物联网集成应用示范"项目，已完成了农业园区航拍、3D 建模、视频监控系统安装等，现正在开发自动化告警与决策系统、追溯系统。项目建成后，该农场将集科技管护、休闲观光、采摘体验于一体，形成果树管护、施肥、采摘、销售一体化，消费者可在线认领果树、在线参与管护，并了解水果品质溯源全流程。

围绕农业生产、经营、监管、服务全过程，贵州省大力推进农业信息化由管理和服务领域向生产和经营领域延伸。目前，贵州“大数据+农业”体系初步形成，贵州省已建成农村土地确权调查登记及产权交易系统、特色优势农产品物联网、农产品质量安全追溯系统、农产品批发市场价格信息发布系统、农业网上政务办事大厅等一系列农业大数据平台。大数据与现代农业的融合发展持续加快。

第二节　大数据与工业深度融合案例分析

一、工业互联网的兴起与发展

近年来，随着物联网、大数据、云计算、人工智能等新一代信息技术的发展渗透，制造领域开始积极探索如何利用这些新技术进一步普及和发展自动化，提高生产效率和能源利用效率，使工业制造更加智能和清洁，进而在全球范围内掀起了“第四次工业革命”的浪潮。第四次工业革命为提高制造业整体附加值提供了重大机遇，美国、德国等传统制造业强国都在积极发展智能制造和工业互联网，逐渐形成了以工业领先企业为引领，以促进产业协同和优势互补为目标的发展态势。2014 年 3 月，制造业巨头美国通用电气公司（GE）联合 IBM、Intel、Cisco 等公司发起成立了美国工业互联网联盟（Industrial Internet Consortium，IIC），成立至今全球已有 200 多家企业和单位加盟成为会员，其中包括来自中国的华为、中兴、中国移动、中国联通、中国电信等公司。美国工业互联网联盟的成立大大促进了不同领域企业以及跨国企业之间的合作，特别是传统制造业企业与信息通信技术（ICT）相关企业的合作。各国也纷纷成立了类似的工业互联网联盟组织，如德国的“工业 4.0”平台体系、中国工业互联网产业联盟、日本工业价值链促进会等等，这些组织对推动全球工业互联网发展和制造业转型升级发挥着越来越重要的作用。2016 年在德国汉诺威工业博览会上，美国工业互联网联盟与德国工业 4.0 平台实现对接，中国、法国、日本、韩国、印度等国家的企业积极加入到两大联盟（平台）的产业生态中，带动了工业互联网在全球的发展。可以说，发展工业互联网，推动新一代信息技术与工业系统的深度融合，已经成为各国加速制造业数字化转型，抢占全球价值链竞争优势的关键领域。

我国也积极拥抱第四次工业革命浪潮，在 2015 年提出“中国制造 2025”计划，将推进制造业转型升级、发展智能制造提升到国家战略层面，之后又相继出台了一系列政策措施来推动先进制造、工业互联网、工业 APP 的发展和建设，力争通过十年的时间全面提升制造业创新能力和整体素质。

二、贵州工业互联网发展概况

贵州发展大数据进行制造业升级的路径给制造业不发达地区提供了重要的参考，基于 2014~2016 年在大数据产业积累起来的基础设施和产业环境优势，从 2017 年开始贵州进一步推动工业互联网的发展和应用，探索大数据与传统制造业深度融合的有效路径，主要做了以下几方面的工作。

（1）大力提升制造业互联网“双创”能力。首先，打造贵州工业云公共服务平台。充分发挥国家大数据（贵州）综合试验区和贵阳·贵安大数据产业集聚区优势，以工业互联网 INDICS 平台为核心，打造和推广应用贵州工业云公共服务平台，推动工业设计模型、数字化模具、产品和装备维护知识库等制造资源集聚、开放和共享。其次，加快融合发展“双创”平台建设。推动龙头企业和高成长性企业建立基于互联网的创业孵化、协同创新、网络众包和投融资等“双创”平台，大力发展用户深度参与、产业链高度协同的创新模式。鼓励制造业企业深化工业技术与互联网、云计算、大数据、智能控制技术的集成创新与应用，促进生产、质量控制和运营管理系统全面互联，推行众包设计研发和网络化协同制造等新模式。最后，增强融合发展支撑能力。全面推进光纤网络向超高速、超大容量拓展升级，提升骨干网传输和交换能力，扩大无线宽带网络覆盖范围，建成覆盖城乡的4G和重点区域的WLAN高速无线宽带网。

（2）构建融合发展支撑服务体系。首先，实施“大数据+工业”深度融合行动计划。组建以知名学者、行业专家、技术专家为主要力量的咨询队伍，指导传统企业利用互联网、云计算、大数据等新一代信息技术进行改造提升，帮助企业找“痛点”、开“处方”，促进企业提质增效。其次，提升融合发展系统解决方案能力。通过打造制造业与互联网融合试点示范企业，不断收集汇总融合发展的典型产品、服务和应用解决方案。

（3）打造制造业与互联网融合发展样板。依托全省产业发展实际和资源禀赋，加快发展智能制造装备和产品，推进制造过程智能化，逐步向全流程和全产业链智能化发展。以贵阳国家高新技术产业开发区、遵义新蒲新区、毕节金海湖新区、贵安新区等为核心，支持和推动工业机器人本体、控制器、减速器、伺服电机等关键零部件产品的研发和应用。以贵州航天高新技术产业园、毕节国家新能源汽车高新技术产业化基地、贵阳高新·白云发动机产业园、安顺民用航空产业国家高技术产业基地等为核心，加快发展北斗卫星导航、新能源汽车、无人机等产业。

（4）推动制造业与互联网企业跨界融合。依托贵州工业云公共服务平台，建立和完善互联网交易平台。支持制造企业、互联网企业、信息技术服务企业采取合资合作等形式，成立新的经营主体，开展平台建设、技术研发、产品创新、模式创新和业务转型等领域合作，培育新的经济增长点。

（5）推广应用“两化”融合管理体系。组织实施省级“两化”融合管理体系贯标试点，分区域、分行业进行挖掘分析，绘制并发布全省两化融合数据地图。加强省内“两化”融合技术咨询和服务机构建设，面向重点行业开展“两化”融合管理体系宣贯培训，分类分批组织开展宣贯会、贯标和评定专题培训会、现场交流会等活动，加强“两化”融合评估诊断和对标引导，推广智能制造单元、智能生产线、智能车间、智能工厂建设。

（6）提高工业控制系统信息安全水平。实施工业控制系统安全保障能力提升工程，建设工业互联网网络安全监测平台，强化工业互联网安全保障支撑能力。

三、政府在工业互联网创新生态中的作用

过去资本、劳动力是最主要的生产要素，现在数据也变成重要的生产要素，政府需要积极应对这种改变。在工业互联网的创新生态中，政府不应当强行引导产业发展方向，而是应该从“服务者”的角度对产业进行赋能。工业互联网作为制造业数字化转型的关键基础设施，既要搭建物理性的基础设施，也要构建市场的基础设施，形成新一代信息技术与工业系统全方位深度融合的产业和应用生态。对于物理性的基础设施，如光纤网络建设、5G 开发等，政府可以发挥主导作用，但是在工业大数据的集成和应用方面，政府必须要和云平台服务商进行合作，形成一个数据基础设施，通过提供公共品的方式来服务企业，进而帮助广大制造业中小企业提高创新能力和数字化水平。

第三节　大数据与服务业深度融合案例分析

一、大数据与银行业深度融合案例分析

银行业是受大数据影响最深的行业之一，也是与大数据较早展开融合的行业之一。一方面，银行业在业务开展过程中，积累了大量客户个人信息、交易信息、资产信息等非常优质的数据，而通过大数据技术挖掘和分析这些银行数据能产生更大的商业价值；另一方面，企业发展大数据技术是个高投入过程，而银行业拥有充足的资本采用大数据技术和引进大数据人才。大数据与银行业深度融合主要体现在以下几方面。

（1）优化业务流程。传统银行业务的突出问题是程序繁杂、流程不畅、效率低下等，大数据技术可以高效处理海量繁杂的银行业务，银行业可以利用大数据对众多具体运营数据的深入分析，不断优化运营细节和创新服务模式，改进业务处理流程和重塑业务规则，缩短服务时间，提高决策效率，提高整个服务的自动化程度。

（2）驱动银行业务增长。银行业传统业务增长路径是大规模利差，进入大数据时代，这一路径不得不进行改变。数据是新的生产资料，坐拥海量数据的银行一方面可以利用数据提高核心业务水平，以更强的洞察力和更精准的营销更好地服务客户，提升客户黏性；另一方面，也可以把数据变成更加丰富的差异化金融产品和金融服务，促进银行业从规模经济向范围经济转型，创造更多增值业务，驱动银行业务增长。银行利用大数据技术，通过对客户基本特征及消费行为特征的深入挖掘，改变过去“撒网式”、“跑楼式”营销方法，大幅提升营销成功率。

（3）支持银行金融产品和服务创新。金融产品和服务创新是银行业保持竞争优势的重要手段。在大数据背景下，银行业有能力挖掘不同客户的产品和服务偏好，并根据其风险承受能力，设计出更符合客户需求的投资、理财、融资、消费等多种金融产品和服务。银行凭借大数据挖掘客户真实需求，精确对目标客户展开营销，预先夺取市场先机。大数据助推银行业开发金融产品和服务的途径还包括：通过大数据分析目标客户快速核定贷款限额；加强客户自助申请流程效率；动态监测个人小额信用消费贷款的发放情况。

（4）提高银行风险管控能力。银行信息化在提高银行效率的同时，也给银行发展带来了前所未有的风险。在互联网时代，银行、企业、个人以及中介机构之间的交互与联系更为密切，局部风险容易扩展成系统性风险，银行业面临的挑战和风险日益增加，传统的风险管理框架在互联网时代显得缺少前瞻和预测能力。大数据技术在银行信用风险管理上的广泛应用，可以推动逐步建立以大数据分析替代个人判断的新型信用风险模式，重组与再造银行信用风险管理架构，为企业和客户提供全面深入的信用风险分析。银行通过大数据挖掘技术，建立信贷风险监控中心，集成银行内外信息资源，形成了对全部信贷经营机构、全部信贷客户、全部信贷产品的实时监测分析和预警控制网络，全面提高信贷管理水平。

二、大数据与运输业深度融合案例分析

当前，伴随我国电子商务市场的迅猛发展，物流业正在从传统物流逐步向现代物流转型。在信息技术的渗透影响下，物流运输在包装、装货、运输、物流加工、卸载、仓储等环节生成大量数据，强化资源整合和物流全过程数据化是现代物流的明显特征。货车帮作为贵州大数据企业代表，以降低公路货运市场信息不对称、实现最优车货匹配为目标，为公路货运市场提供了一个创新的协调组织机制。即通过互联网平台连

接“空车”和货源，运用货运大数据对市场供需做精准把握，并用数学模型优化市场引导措施，从而实现最优资源配置和供需平衡。下面以具体企业货车帮为例，分析大数据与运输业深度融合。

（1）创新物流信息新业态。长期以来，我国社会物流总费用一直居高不下，据估计我国物流费用占 GDP 比重约是美国的两倍。其中，除了产业结构、流通效率问题外，最大的原因是我国公路物流领域的信息不对称问题较为严重。公路物流的信息不对称造成市场的供需不匹配严重，集中体现在司机找货难、货主找车难的“双难”上，而这一问题的根源是我国 85%以上的大型货车都是个体户经营，近 700 万辆大、中型货车空载率高达约 40%，时间被大量消耗在搜寻货物和搜寻车辆上。货车帮通过打造开放、透明、诚信的货运大数据平台，有效解决了物流信息不对称这一痛点。货车帮通过推广手机终端 APP 收集大量物流参与者的数据，整理形成信息资源，通过互联网交互传递形成以提供物流服务的平台，有效使“车找货、货找车”过程实现互联网化，搭建起中国第一个覆盖全国货源的信息平台，对降低我国公路物流运输成本发挥了重要作用。

（2）科学运输路线规划。伴随我国电子商务的迅猛发展，对货物配送时效、配载效率、能耗效率的要求也越来越高，在最短时间、最短路线、最低能耗的约束下实现最大配载量是物流运输路线规划的重要发展方向。货车帮利用机器学习、人工智能等先进的技术手段，对平台积累的运输路线数据进行清洗、挖掘和分析，通过精准的智能匹配算法、完善的用户画像体系和高效的数据分析平台，极大提升了司机的响应速度及匹配效率。同时，货车帮通过对用户行为、征信数据、GPS 数据等大数据进行分析，建立货运交通“天网”系统，提供实时监控货物运输、规划运输线路以及道路动态预警等服务，让司机能够即时掌握最佳路线规划。

（3）打造智慧物流园。当前国内物流园区普遍存在资源分散、能源浪费、运营手段滞后、管理方式不科学等问题，大数据的崛起对传统物流园区的经营理念和管理方式提出了全新挑战。判断物流园区“智慧”程度的重要指标是园区管理系统的智能决策程度，大数据技术基于海量经验数据可以有力提高园区的智能决策水平。货车帮通过自建和联建的方式，打造智慧物流示范园区，为区域物流产业发展提供新动能、新活力和新模式。一方面，货车帮在传统物流园区基础上，通过互联网手段将它们连在一起，通过大数据分析平台提供精准车货匹配信息，有效降低了物流成本，提高了司机和物流园区的生产效率，为各地传统的物流园注入新鲜血液，带来技术的创新和品牌认知度的提升，成为当地“互联网+物流园”的范本。另一方面，通过建立集呼叫中心、信息展示大厅、货车综合后服务区、货车司机生活服务区于一体的物流数字港，对传统的物流地产模式产生了极大冲击，打破过去园区信息闭塞困境，打通线上、线下信息服务及货车服务，极大地减少了物流园区车辆、人员高度集中而造成的交通压力、噪声污染、垃圾堆放以及治安问题的发生，使物流园区成为城市有机和谐的组成部分，为国内物流园区的发展模式提供了一个良性示范。

（4）开发物流金融。由于物流行业“短、小、频、急”的交易实际，货车运营中资金周转不灵是常见现象，由于难以开具稳定收入、固定工资等财务证明，货车司机往往很难享受到银行的贷款等金融服务。针对货车司机的金融服务“痛点”，货车帮开发物流金融：一是利用大数据优势建立行业诚信体系。2016 年 11 月，货车帮与国家发展改革委签订了加强信用信息共享共用和推进公路货运领域信用建设的合作备忘录，成为国内货运领域信用体系建设首家试点单位，将在建立信用信息共享机制、加快联合奖惩措施在公路货运领域的落地应用等方面开展合作。二是利用大数据建立 ETC 白条。货车帮基于平台司机行为数据、行驶数据、ETC 充值/消费数据等大数据分析建立了场景化的风控体系，与金融机构合作开展了小额信贷业务——ETC 白条，对司机在一个周期中的运营数据划分信用等级发放贷款，有效缓解了货车司机资金短缺的问题，将普惠金融落实到物流人群中。三是利用大数据分析推出针对货车和司机的多种保险。

第九章 大数据与实体经济深度融合政策建议

大数据发展面临全面进入新时代所迎来的全新发展机遇。这个新时代，是一个经济发展的新时代，不光是国内经济发展的新时代，也是国际经济发展的新时代。在这个新时代，贵州大数据取得突破发展，首先有赖于从全局和整体把握时代特点，将贵州大数据这个局部，放在全球经济特别是百年未有之大变局的大背景下，放在中国供给侧结构改革大局下，放在追求和促进高质量发展的任务面前，捕捉战略性机会。

在新时代这个节点上认识历史，展望未来。沿海发达省份在加入WTO以来抓住的机遇，主要是以出口导向为特征的第一波经济全球化的机遇。其内核可以高度概括为“利用别国的市场，用足本国的低端生产要素”。当前，这个时代正在过去，贵州未来发展面临的全球经济大背景已发生变化，一个新时代即将到来。这将是第二波经济全球化，世界将走向基于内需升级的全球化经济。其特征可以高度概括为“利用本国的市场，用足国外的高级生产要素，尤其是利用其创新要素发展本国的创新经济”[①]。立足全球视角，把贵州大数据产业放在全球经济中看，利用时势的战略定位应是，在“利用别国的高级生产要素”与“利用本国市场”之间，做世界级的转换器、放大器，从而从上一轮全球化中的边缘区域，

---

① 刘志彪. 基于内需的经济全球化：中国分享第二波全球化红利的战略选择［J］. 南京大学学报，2012年第2期.

一跃而成为撬动下一轮全球化的杠杆区域。

第一节 贵州大数据发展的战略选择

一、贵州大数据产业发展要走有别于沿海地区的特色道路

改革开放以来，在国内、国际宏观经济合力的作用下，沿海地区获得巨大机遇。这些条件是贵州当前无法利用的，这是贵州在形势判断时要充分认识到的。从国内宏观经济方面看，中国改革开放起步阶段正值工业化高速发展时期。中国经济一个显著不同于各国的特征，是原始积累阶段特有的（超）高储蓄率[①]。高储蓄率一方面意味着工业的重化，进而形成——不同于世界各国相对低储蓄率下的——GDP 高速增长，一方面意味着最终需求不足，扩大了效率与公平的矛盾。其宏观政策含义，在于客观上的凯恩斯主义效应，构成对有效需求不足的需求替代。具体来说，通过三来一补，出口导向，以国外需求替代国内需求不足部分，而中国的出口导向正好迎合了国际需求驱动。这股合力，使中国沿海地区“用足本国的低端生产要素”后，形成的原本有效需求不足的产能，在得到“利用别国的市场”这一机遇配合下，达到相对的动态均衡。

从国际宏观经济上，我国改革开放也暗合了全球化的国际分工。国际资本希望形成以创新为核心的高附加值板块与劳动力等低附加值板块的全球产业分工，因此致力于推动外包、外资进入，将低端产业链转移到中国，与中国形成互补。沿海地区的许多发展战略、政策都是在这一

① 假设正常储蓄率以菲尔普斯“黄金增长率”为基准。

大背景下，针对特定机遇而形成的。例如，沿海地区招商引资的政策，许多都是在这一背景下形成的，是以刺激高增长为目标设计的。贵州不能以工业化不发达需要“补课”为理由，寻求走老路的“例外”和特殊政策。贵州在发展大数据过程中，学习了许多沿海地区经验。但也面临一个问题，大数据本身是新的，但与大数据配套的宏观政策思路，有许多因为背景不同，不宜照搬照抄（尤其是其中适应物质投入驱动的招商引资政策等）。贵州显然已不再可能通过学习沿海和内陆招商引资来抓这一波机遇，因为时代已经变了。因此有必要从分析条件变化入手，形成新的政策思路。

从中国国内来看，高储蓄率与国内低消费的矛盾进一步偏离增长黄金率，进而造成如果在先富带后富这个问题上不采取措施，公平与效率的矛盾会日趋恶化。必须采取战略性的措施，逆转居民收入增长低于GDP增长的趋势，降低基尼系数。对于贵州来说，这一大背景的变化意味着，设计政策需要与沿海地区反向思考，从沿海地区的“利用别国的市场，用足本国的低端生产要素”的指导思想，转向“利用本国的市场，用足国外的高级生产要素，尤其是利用其创新要素发展本国的创新经济”的相反指导思想，使贵州借到一种不同于沿海地区，但同样强度的“势”。适应世界大势变化，顺势而为的大思路，从国内宏观角度讲，还是要从解决社会矛盾入手，抓住高储蓄与低需求这一关键矛盾，从源头上加以改变，从而为供给侧结构性改革提供内在需求动力。

二、贵州大数据产业发展要紧抓新历史机遇

“利用别国的高级生产要素”与“利用本国市场”是同一事情的两个方面，利用本国市场，一是为适应本国经济结构调整，从外延发展转向内涵发展，从出口带动转向内需带动；二是为发挥本国市场需求在全球化中的主导作用。利用别国的高级生产要素，一是为适应本国经济转型

升级要求，从劳动密集型向高附加值发展转变；二是为了吸引国外的先进生产力，尤其是以大数据为代表的先进科技，以提高自身竞争力。而贵州在“利用别国的高级生产要素”与“利用本国市场”上具有显著的战略性比较优势，大数据是下一代“高级生产要素”的核心，目前正在贵州而不是上述地区集聚；互联网模式创新是“利用本国市场”的核心，贵州如果采取正确的策略，可以获得这种优势，并与杭州、深圳、青岛等城市一样获得新的发展机会空间。

贵州大数据产业发展与结构调整具有更紧密联系，代表更先进的信息基础设施，更加面向供给侧结构性调整进入新阶段后，追求高质量发展的需求。这也要求贵州在进行大数据战略设计时，形成不同于沿海地区的思路。贵州大数据发展也只有与追求高质量发展进行更紧密的战略捆定，才能更好地顺应大势获得自身发展。在现有大数据发展基础上，借全球化发展机遇，像沿海省份当年那样借势实现战略性飞跃，完成像硅谷、班加罗尔那样的跨越式发展。具体建议如下：

（一）深度学习借鉴我国移动通信发展史

信息技术产业的发展，决定因素还是技术标准。研究这段历史，对贵州大数据战略制高点的选择具有启示意义。在中国的技术实力不是很强时，移动通信的标准是由技术上的强者确定的。2G 时代已经开始出现变化，由于中国市场规模巨大，中国的一票成为了决定 2G 国际标准的关键。到了确定 3G 国际标准的时候，中国 TD 并不被人看好。但由于中国对“以市场立标准”的坚持，TD 终于成为了三个 3G 国际标准之一。中国移动拥有最多的移动用户，这个市场让 TD 这个在技术上相对较弱的标准，终于在中国发展起来，成为中国 3G 市场上的领先者。这一进程在 5G 国际标准制订上表现得更为充分。

从 3G 时代起，中国调整了市场与技术标准的关系。从“以市场换技术”调整为“以市场立标准”。“以市场立标准”就是市场在哪个国家，标准就由哪个国家来确定。中国坚持 TD-SCDMA，正是“市场驱动下”的行为。TDSCDMA 树立为国际标准并且有可能成功，一个重要因素是中国有足够大的市场空间，可以单独推进自己的标准。这是一个标志，反映了本地市场对技术标准的主导权，开始成为选择技术标准的一个重要砝码。因为技术标准的最终目标是锁定市场，如果市场自己不愿被锁定，或反作用于标准，自愿选择把自己锁定的标准，任何法定标准都不会起作用。

大数据最大的应用市场在中国，中国应积极参与制订大数据标准，例如像中国参与移动通信 5G 标准那样，参与大数据技术标准制订。鉴于当前国际标准的趋势与专利池联系日益紧密。贵州应投入更多力量与工信部共同推进大数据标准体系，重点整合与大数据标准相关的专利池技术，包括自主研发与国际合作，如建立相关国际大数据标准联盟。

（二）加强大数据商业标准建设

邬贺铨院士认为：“应更加突出应用驱动，从大数据的应用和服务入手，通过示范工程的带动作用，培育大数据应用服务市场，从而引进一些专业人才，促进大数据产业的可持续发展。”李国杰院士说：“建议规划关注生物、制药、健康、农业等领域的大数据应用，也可能成为贵州的赶超机会。”刘汝林也强调：“贵州省发展以大数据为代表的信息技术产业，要突出‘应用驱动’原则，深入研究、确定应用的重点领域。”贵州目前具有将大数据从应用优势变为标准优势的基础。贵州应积极参与大数据市场标准的研发与制订。市场标准是指与商业模式相关的技术性标准，它是平台主导的必要条件，通过抓应用，促发展，加快“以市场立标准”。

（三）充分借鉴我国互联网产业从跟随到领跑的经验

中国互联网从跟随渐渐变成在某些领域引领世界，这对贵州是一个启示。在市场创新中，业态创新具有核心重要意义。大数据需要以“互联网+”为业态基础。“互联网+”是指一种新业态，即“互联网+”等于“基础平台＋增值服务”。当前工业最大的现实需求就是从低附加值向高附加值升级。低附加值是同质化造成的，高附加值必须走差异化的道路。而服务业相对于制造业，就是提供差异化的产业。服务化因此可以理解为用差异化的思路来发展一产、二产和三产。其中工业互联网主要是指工业的服务化，即以服务化的思路来发展第二产业，用发展三产的思路发展二产。这是第二产业发展思路的一个飞跃。又由于服务业存在“成本病”，服务化必须以智慧化的方式来做，也即通过电脑加人脑，克服服务业“成本病”。这就是工业互联网的现实需求以及满足这种需求的大思路。

中国互联网已在实践中探索出一条以支撑服务业（也就是平台服务业、“重”服务业）为带动力量使产业快速发展的路径，将来发展大数据应用产业，也要走这条路。基础平台与增值应用的分离，相当于重工业与轻工业的分离，是服务业内部支撑服务业（“重”服务业）与应用服务业（“轻”服务业）的业态分离。新业态的实质在重化服务业。从旧业态中长出增值服务这一价值增长点；以平台（支撑服务业）为新业态重点。

三、探索打造国家核心信息技术试验田

关于核心技术，习近平总书记有过深刻论述：“市场换不来核心技术，有钱也买不来核心技术，必须靠自己研发、自己发展。”自主研发成为我国核心信息技术产业发展的唯一选择。结合核心信息技术的特点，针对我国核心信息技术产业的发展现状，着重分析我国核心信息技术难以突破的主要原因，我们认为应以贵州为试点，加快建立我国核心信息技术应用试验田。具体提出如下建议：

一是充分运用贵州良好的容错试错环境，推进国产核心技术产品试用工程。贵州的信息化水平整体发展较为滞后，贵州省各产业对国外核

心信息技术的依赖程度相较于经济发达省份要低，同时国外核心信息技术对贵州各产业的渗透程度也相对较弱。因此，对于经过一定范围论证的国产核心信息技术和新产品，可以在贵州率先实践应用。建议设立专项基金，以贵州省为试点，重点在政府办公、城市建设、民用经济领域（包括国有企业、民营企业及部门行业应用领域）推进国产核心技术产品试用工程。该工程与核高程工程的区别在于以试错应用为重点，为已有核高基技术产品提供试错应用环境。建议一期工程重点解决计算机系统核心集成电路国产芯片（MPU）在服务器、个人电脑中的应用，可编辑逻辑设备（FPGA）、数字信号处理设备（DSP）、半导体处理器等多领域中市场占有率为零的问题。

二是充分利用贵州大数据产业基础，推进国家企业大数据启动应用工程。2014 年，贵州大数据产业开始起步。2016 年，我国首个国家级大数据综合试验区在贵州建立。短短几年，贵州大数据产业从无到有再到优，取得了突破性进步。应充分挖掘贵州大数据产业发展经验，推动核心科技研发与市场应用良性互动，促进技术创新链与产业链共同作用，打造核心技术产业生态系统。建议国家推进企业大数据启动应用工程，启动应用重在启动，目标是借助国家力量突破初始应用困境。在智慧城市建设、智能制造、“互联网+”、电子商务领域，以优惠政策组织企业应用项目入驻贵州大数据综合试验区。建议优惠政策包括，在个人信息开发与保护政策上，给予侧重鼓励开发的宽松政策，在试验区应用涉及的隐私保护方面，给予不同于其他地区的宽松试验条件。

三是强化政府引导机制，有所作为。核心信息技术的研发是个高投入、高风险、长周期过程，因此，核心信息技术应用试验田离不开政府的强力支撑。要建立政府强引导机制，积极推动技术引进、专利购买，出台政策如税收优惠、财政奖励、低成本融资等手段，激励信息技术企业增加研发投入。

四是组织大型企业联合研发。从美国的“文泰来”联盟、日本的“超大规模集成电路研究组合”成功经验来看，强强联合更容易实现核心信息技术的突破和技术生态的形成。因此，为加强我国信息技术企业在战略、技术、标准、市场等方面的沟通协作，提高科研创新浓度和密度，促进适宜创新的科研氛围形成，需要由政府搭建平台，组织大型企业联合研发，协同攻关创新。建议将国家战略与大企业发展战略结合起来，支持、鼓励、推动以企业为主体，将部门国家攻关项目委托给有实力的大企业进行研发，国家给予必要资金支持。以中兴芯片为例，阿里巴巴投资杭州中天微系统公司，如果形成国家与企业合力，可以取得事半功倍的效果。

五是连接汇聚研发能量。在贵州设立国家级核心信息技术研究院，由不同科研院所分别研发不同课题，激励交叉机构之间开展合作交流，竞争与合作兼容，针对难度大的高风险研究课题，采用多个实验室集中攻关模式，汇聚研发能量，保证研发成功率。

六是建立核心信息技术使用奖励制度。由于现阶段部分已经研发的国产核心信息技术和产品的性能无法与国际领先水平相比，在实际应用中体验感较差难以避免，应建立核心信息技术使用奖励制度，对使用国产核心信息技术的企业进行资金补贴、荣誉表彰、政府采购等多种方式激励。

七是高薪聘请海外高层次核心信息技术人才。由于国内缺少核心信息技术方面的研发人才，应积极从海外引进。日韩芯片产业发展过程中，都曾经花费重金礼聘海外核心技术人才。我国核心信息技术应用试验田应高薪吸引海外高层次人才，积极聘请海外退休专家和技术人员，组成海外专家顾问团队参与项目研究和培训交流。

第二节　贵州大数据产业应面向服务化支撑策略

贵州省要做的不止是一个大数据产品，而是希望一起探讨一个商业模式，甚至支持企业成为这个领域一个伟大的公司，希望培育的是新兴的产业，实现的是产业的转型，将来能影响整个产业结构的发展。大家都在用大数据，但是贵州省不止用大数据，更强调市场化的支撑作用，更强调要培育产业，注意在其中发挥企业的主体作用。贵州省在这"四个理念"的基础上，又在全国开创性地梳理了"基础设施层、系统平台层、应用平台层、增值服务层、配套端产品层"五个层级产业链，明确了"核心业态、关联业态和衍生业态"三类业态。这一切都围绕一个主旨，这就是追求和促进高质量发展。贵州越是在这方面发挥全局性作用，它的战略地位与战略价值越高。当前，要想提高供给效益，必须提高全要素生产率，必须要以深化供给侧结构性改革为主线。为此，要在省这个局部做好两篇全局性的大文章，一是要促进产业结构调整，培育新动能；二是补短板，提高发展的整体性。这两篇大文章有一个共同交集，就是服务化。贵州大数据只有定位于做全国的服务化支撑，才能破好题。服务化支撑，就是做服务化的"重工业"，对服务化进行放大、倍增，以此促进整体经济的高质量发展。大数据在其中，不是一个局部，而是关系全局，是撬动全局的动力杠杆。

一、大数据产业的服务化机会空间

（一）全球大数据产业发展前沿模式

大卫·芬雷布（David Feinleib）是硅谷重要的风险投资人，他的《大数据云图》除了一般的价值外，对透视大数据产业结构有特别的价值，这种价值突出体现在芬雷布的这张闻名硅谷的“大数据云图”上。芬雷布建立了一个他称之为“基础设施”的基本板块，以把握大数据产业的“资产”层面的诸要素，包括四个展开环节——数据分析（Cloudera、EMC 等）、数据操作（couchbase、10gen 等）、数据服务（亚马逊、谷歌等）、结构化数据库（Oracle、IBM 的 DB2、SYBASE 等）。这是指为整个大数据产业分享固定成本的承重部分。“大数据云图”显示了基础设施之上的“应用程序”板块。事实上，VC 对基础设施部分，只投了很少的钱（5 亿美元），而把重心全押在了应用上。

这与中国大数据的做法形成鲜明对照。如果拿芬雷布的“联络图”对照中国，中国的大数据许多都在“不务正业”。被芬雷布称为“应用程序”的板块是指“人类和计算机系统通过使用这些程序，从数据中获知关键信息”。但实际上，它对应的是整个大数据产业的相当于边际成本的部分，在云计算背景下，它是指面向云端轻资产运作的部分，即按“使用”（“按需”是另一角度的说法）收费的部分。

“应用程序”板块的框架结构，由六部分组成，分别是垂直业务（BloomReach 等），运营智能（New Relic、Splunk 等），广告/媒体（Collective、DataXu、Metamarkets 等），数据即服务、商业智能、数据分析和可视化。

在垂直业务应用领域，像 BloomReach 这样的公司，帮助电子商务企业优化网站，进行大数据营销服务，以提高转化率。在运营智能应用领域，New Relic 将营销自动化，帮助商家分析哪些客户最有价值，特别是什么活动最有可能扭转不利局面，Splunk 公司帮助 IT 工程师分析设备生成的日志数据。

在广告应用领域，应用服务企业帮助商家算出哪种广告最适合顾客，产生特定的广告印象需要花费多少钱，近来为移动广告进行分析的公司，如 Flurry，最具增长潜力。在数据即服务应用领域，邓白氏公司在为各种数据提供网络编程接口，值得注意的是，与原有做法（例如阿里的某些做法）不同，这样的数据源允许他人在其基础上建立 APP 程序。

在商业智能应用领域，IBM 的 Watson 是开拓者和领导者，MicroStregy 和 Domo 的特点是把智能应用引向新的领域，前者是在移动产品上，后者是在云计算上。需要注意的是，与传统集中于企业首脑部门的 BI 不同，大数据的 BI 最终将武装到企业的神经末梢，特别是直接接触客户的部门。在数据分析和可视化应用领域，Tableau Software 提供了互动性强且易于使用的大数据可视化软件服务，QlikTech 推出了用 26000 家企业使用的 QlikView 可视化产品。这一领域目前非常活跃，社交协作功能加入数据分析和可视化服务看来是一种趋势。

总的来说，芬雷布对大数据产业前景的展望特别强调应用，“期待更多的大数据应用程序涌现，让消费者和企业将数据应用到工作当中”。而基础设施则会笼罩在亚马逊的阴影里，新手只能从不受它影响的领域中冒出。

（二）贵州大数据要紧盯国际前沿发展态势

分析国际大数据发展前沿，可以看出以下特点：第一，在“数据源”领域，中国互联网平台数据源和行业数据源建设已经起步，但本地数据（语用数据、情境数据）仍有待加强。第二，“开源”、“跨平台基础设施/分析”和“基础设施”三个领域，位列前 15 的均是国外厂商，且多是“跨平台基础设施/分析”和“基础设施”两个领域。中国一些厂商认为国外相关技术专业性太强，不利于普及，更倾向于短平快技术应用。但一些企业坚持在这些重要领域耕耘，如商业智能软件（用友软件、久其软件）；数据中心建设与维护（天玑科技、银信科技、荣之联等）；第三，中国厂商绝大多数集中于“应用”与“分析”领域。前者如广告优化与营销（阿里巴巴、腾讯等），金融、汽车、政府、健康、教育、安全等行业应用；后者如数据处理、分析环节、综合处理（拓尔思、美亚柏科等），语音识别（科大讯飞），识频识别（海康威视、大华股份、华平股份、中威电子、国腾电子）。在应用领域，中美热点相似度较高，都包括广告优化、营销、金融、产业、政府、健康、教育、安全等。对此，具体建议如下。

第一，要深入认识大数据产业分工的规律。大数据的产业框架与云计算有内在联系，不能离开云计算发展大数据。中国当前大数据发展遇到落地难，这是表象，深层问题是没有理解基础设施与应用之间是一种基于云计算的固定投入与边际投入大分工的关系。

第二，在基础设施方面，中国一些主要企业数据不开放的做法，放在全球看正在过时。之所以不开放，根子还在对第一个问题的理解上。适应云计算的做法，要求大数据基础设施的建设思路尽早从 IP 思路转向 WEB 思路。WEB 只能是开放的。亚马逊虽然强，但在移动大数据方面，中国有充分的创新空间。

第三，在应用服务方面，要特别向全球领先企业学习，适应云计算的做法，是使大数据应用面向轻资产服务。现在国内大数据应用有一个不好的苗头，即企业做着做着就变成传统 BI 的大数据，进而走向封闭、集中，这没有把大数据应用的真正优势发挥出来。大数据应用一定要实现面向最终需求的全员智能，做不到的都是假的。

（三）利用数据业务主营化推动各行各业转型升级

IBM 的 CEO 罗睿兰认为："数据将是下一个大的自然资源，将会区分每个行业的胜者与输家。"IBM 的全球 CEO 调查显示：表现优秀的企业使用分析技术的数量比表现较差的企业高五倍。未来以政府、电信、教育、医疗、金融、石油石化和电力等行业为重点的大数据应用将直接拉动整个社会的应用规模。大数据将带来的一个始料未及的变革性影响，是使数据业务成为各行各业的主营业务，围绕大数据，企业将向分析即服务

（AaaS）转型升级，从而改变各行各业的业态。广义的分析即服务，包含一切以大数据为基础的高附加值的创造性服务，比如面向制造的创客服务（DIY+3D打印）、基于咨询数据平台的生活方式设计师服务、基于统计数据挖掘的商业分析服务、基于设计平台的创意服务，还有基于大数据的设计服务、管理服务、教育服务、翻译服务以及基于行业或价值模块细分的服务等等。

我们把面向商务服务而非技术服务的大数据称为大数据2.0。以亚马逊为代表的商务服务之所以比技术服务更赚钱，道理很简单。企业的IT业务支出，最多只占企业收入的5%；而企业的商务支出，有可能占企业收入的50%。亚马逊运用的是与微软、IBM、谷歌、Salesforce.com等大同小异的技术，之所以收入比它们的总和还高出15%，因为后者挣的是5%的钱，而亚马逊挣的是面向50%的钱。这给贵州一个至关重要的启示。全国多数省市都在推动大数据发展，但都将大数据定位于技术服务，结果只是面向GDP的5%挣钱；而如果贵州采用亚马逊的思路，用同样的技术，面向GDP的50%挣钱，挣钱就会事半功倍，甚至十倍。

二、构建基于云服务2.0的大数据

大数据2.0是数据业务主营化时代的大数据，是为各行各业主营业务提供服务支撑的大数据。云计算2.0是大数据2.0的技术模式基础，云服务2.0是它的业务模式基础。建议贵州构建基于云计算、云服务2.0之上的大数据产业框架，主要解决促进高质量、高效益发展的问题。在促进贵州大数据产业自身高质量、高效益发展的同时，促进整个国民经济高质量、高效益发展。建议贵州在基础阶段之后，选择大数据从1.0升级为2.0，作为谋飞跃阶段的主要策略。大数据1.0时的大数据，主要是技术、设施的大数据；2.0时的大数据，将主要是商业、产业的大数据。

（一）以大数据增值业务作为新增长点

当数据业务成为各行各业的主营业务形成趋势后，一个新的增长点就逐渐浮现出来。高质量发展在微观上将显现为各行各业增值业务作为一种稳定业态，在经济发展中日益显形。云服务是大数据的商业基础。正如信息化重心从技术转向商业一样，云计算重心也将经历从技术转向商业的过程。在这一过程中，云计算将从 1.0 时代转向 2.0 时代。

云计算 2.0 是指虚拟化的对象从技术资源转向商业资源。云端重构和分享的数据资产，从计算、存储这样的技术计算能力，转向客户关系、销售、商业数据挖掘这样的商业计算能力；终端对应的多样化应用，从 IT、IT 运维这样的技术性应用，转向管理和娱乐这样的业务性应用。

当前大数据发展面临的一个普遍性的偏差在于，发展技术意义上的大数据，与各行各业的服务脱节，与用户的需求脱节。不是应用这个方向有错，而是没有以需求和服务为中心定义应用。建议贵州大数据发展要注意这个方向性的问题，因为这关系到贵州大数据是否能真正在整体经济中发挥促进高质量发展的作用。

（二）推动大数据、云计算 2.0 发展

在过去的 10 年里，谷歌等公司开发出可以同时在多台不兼容的服务器上运行的软件，这使软件提供的服务可以在不同的设备间飘来飘去，就像“云”一样。直到 2006 年，谷歌 CEO 埃里克·施密特（Eric Schmidt）将这种计算方式命名为“云计算”（cloud computing），声称“我想大多数人都没有意识到这其中潜藏着巨大的机会”。最先嗅出其中赚钱机会的是那些 IT 硬件和软件巨无霸。一时间纷纷响应。为什么是这些巨无霸积极？结合背景不难理解。其时正值全球 IT 硬件和软件投资相对集中，加之国际金融危机爆发，企业感觉前期投入浪费，为此压缩 IT 投资。IT 巨无霸们为了维持生意，在 IT 采购市场上，自然有动机宣传这番新道理：企业自身硬件已投得差不多了，下一步应把钱投到新方向上去。

未来升级将硬件集中在云端，通过虚拟化整合资源，按需调用，企业可以省去重复建设。

IT 厂商推动一种技术往往是从自我出发，因此片面夸大技术作用。厂商未必不能看出用户有技术就绪之外的商务需求，只是他们只要不转型提供商务服务，引导云计算向这个方向发展，对他们卖东西就无现实好处。这造成了当前从国家到企业在云计算上受到的最严重的误导，即清一色的技术导向，以及背后隐藏的供应商导向。似乎只要往云计算上投钱便好，只问技术，只问投入，不问商务，不问实效。在企业信息化的历史上，这一幕就出现过。在供应商诱导下，信息化脱离应用谈技术，片面强调技术和设备的就绪，只谈 IT 能力，不谈应用和效益。把企业信息化，简单归结为 CPU 的速度问题，调制解调器的速率问题。云计算 1.0 的缺陷，就是这种技术导向、供应商导向和投入导向的“三位一体”，支配着我们的云计算规划、云计算建设，使云计算成为又一个花钱的无底洞，却看不到与业务效益的联系。

云计算从 1.0 向 2.0 的转向，实质是主导权从云供应商向云需求者的转向。更主要的是，这将是从以技术为本向以人为本的转向。

否定供应商导向，不是否定云计算的供给，云计算还在就绪阶段，需要扩大投入而非减少投入，要否定的是没有需求的供给；也不是否定云计算供应商，供应商宣传自己理所当然，我们是希望用户利益也要有声音表达；甚至也不完全否定初期建设阶段一定程度的供应商导向，因为他们会起到一定的启蒙作用。否定供应商导向，主要是从供求平衡的角度重新定位云计算，让云计算更中正地发展。针对供应商的误导，云计算 2.0 主张从用户出发，搞有效益的云计算。

（三）构建适应大数据、云计算 2.0 业务需求导向

云计算 1.0 的业务主要局限于第一信息部门（信息产业）和第二信息部门（即各行各业的 IT 部门），云计算 2.0 的业务将深入到各行各业本

身，与各行各业的商务深度融合。现在随便翻开一本谈云计算的书，谈的都是计算的虚拟化、存储和服务器。这是技术应用早期发展还不太成熟的表现。在这一阶段，似乎技术只是技术人员的事情，云计算只是技术部门的事情。企业信息化历史经验表明，这一阶段过后，将是信息化重心从IT部门转向业务部门（先是管理部门，然后是主营业务部门）的阶段。

云计算重心在IT部门与业务部门，云计算业务本身的内容将有明显的不同。目前的云计算，包括规划中的云计算，还只是IT业务意义上的云计算。对政府和企业这些应用者来说，负载平衡、数据托管这类事情，只是信息中心内部事务。有的中央企业即使信息化投入达到50亿元，也只不过是业务收入的一个零头。不会为了省几个硬盘、省几度电而值得当作大事（相反还要担心安全问题）。如果云计算只是为了IT节省的话，企业说不定要压缩开支，而非加大投入。

云计算2.0是指重心放在业务部门的云计算。这种云计算从时间上看，出现得不见得比1.0晚，只是在供应商巨无霸式的宣传攻势下，声音被掩盖了。典型的如Salesforce.com，公司一直以“通过网络服务方式提供企业应用程序”、“在线客户关系管理”和“按需商业服务”等定义自己的业务。直到2007年CEO马克·贝尼奥夫（Marc Benioff）从杂志上听说“云计算”这个词，才意识到自己才是真正的云计算。CRM是业务部门的事，当Salesforce.com把CRM而不是负载平衡作为云计算的主要业务时，对企业来说，真正的改变才发生。这一回，关心云计算的不光是信息部门，还有企业的业务部门。再比如，云计算的先驱亚马逊最近推出的云播放器，把音乐放在云端，使消费者无论用手机、PC还是苹果设备都可以顺畅播放，而且没有版权纠纷。在这里，云计算的业务不是IT，而是音乐本身。对于云计算供应商来说，如果不能适应1.0向2.0的转变，很快就会陷入硬件的价格战，失去高端机会。主动从IT硬件和解决方案向提供 IT 与各行各业的业务相结合的服务转型，应是他们下一步的方向。

（四）构建大数据、云计算 2.0 业务平台

云计算一旦从以 1.0 为主发展到以 2.0 为主，平台的重心也会转移。目前，云计算的 1.0 还没有完成，它的平台重心，主要放在技术基础设施、技术平台和技术性软件上，形成基于 ICT 的 I、P 和 S。进入 2.0 时代，云平台的重心将转向业务基础设施、业务平台和业务性软件上，形成面向政府、企业业务和消费应用的云平台。

（1）IaaS 的 2.0 化。IaaS 提供的是信息时代的水电气。在 1.0 时代，“水电气”主要是指虚拟化的存储能力、计算能力和管道能力（主角通常是运营商）。2.0 时代，“水电气”将主要是综合数据能力（大数据、普适计算、统一通信）。以交换、托管为主的数据中心（IDC）将转化为以原数据处理为主的信息中心。

从业务而非技术角度讲，IaaS 将来的主要问题在于大数据时代原数据管理。政府掌握的公共数据，一方面存在向社会开放的问题，另一方面又面临对原数据的保护问题。商业机构在 IaaS 层面保存的个人原始数据，也有一个开发与保护相平衡的问题。阿里巴巴的商业原始数据，只是情境“可见”的。就像酒的原液，被开发的已是加工后的“第二手”的，而原液本身是受保护的，是不可完整抓取的。斯台尔曼认为，个人信息只应保存在本地，“使用别人的服务器来完成你自己的计算，意味着你把对你的计算的控制权割让给了运作服务器的人。这是傻瓜才会干的事情”。这种看法不全面。很可能实际过程将是，只有与本地的个人数据基于情境比对结合，网络数据才能发挥在个性化服务方面的作用。从这个意义上说，云计算 2.0 的 IaaS，将更多面向人（如语境相关的时间轴），而不光是面向客体（“水电气”）。

（2）PaaS 的 2.0 化。PaaS 用水电气的比喻已难以概括，它的喻体更接近厂房（或厂区）。平台是资产的沉淀区，云计算平台就是数据资产的沉淀区。经济学上的沉淀成本（不可转移的固定成本）对应的就是平台成本。如果说，水电气比喻的是原数据，平台数据对应的则应是加工数据，特别是作为资产的数据，这种数据可在加工中反复增值。云计算 2.0 时代的变化在于，PaaS 演化为 AaaS（分析即服务）。在这里，分析即指数据的加工。P 在这里就是加工平台。对业务数据本身的数据挖掘、智慧分析能力，将成为 2.0 时代 PaaS 的主要标志。

在这里，IT 服务和业务服务的区别在于，IT 服务只对数据进行技术增值，并不对数据进行业务增值。以往的数据托管只相当于寄存处，数据并不打开从商业角度加以改变；而 2.0 的托管将好比托儿所，要进行教育增值，经过托儿所教育的小孩子比进来之前要变得更聪明。在现实中，这种服务更像外包（BPO 或众包）。比如，现在电子商务有代运营业，为代运营业提供数据服务的平台，就是 2.0 意义上的云平台。代别人直接赚钱这种服务，显然不同于为别人代管工具（如硬盘）的服务。

如今，2.0 的 PaaS 正在云计算的前沿兴起。例如，SPS 通过搭建一个电子数据交换平台，使较小的供应商接入 1300 家以上的零销商，这个云平台关注的不是内存，而是让企业如何快速、低成本地管理从库存到运输和发票收支的整个交易环节。又如，传统的 ERP 用户正转向 NetSuite。NetSuite 为企业提供核心业务之外的特殊应用服务，通过被称为 SuitFlex 的 API，使商家为一些专门应用提供灵活的开发能力，使特定设置的交易完整地实现自动化。Roostock 公司寄生在 SuitFlex 平台上，利用其底层云服务，把 MRP（制造和物料需求计划）应用从云下搬到了云上。

三、推动基于云服务的大数据 2.0 发展

如果能够明确大数据的定位，不光是发展大数据技术和大数据产业，而且是成为整个国民经济的服务支撑业，不是从国民经济的技术开支中获取贵州的收入，而是从国民经济的主营业务开支中获取贵州的收入，

贵州大数据策略，就需要发生一个根本性的转变。

要抓住两个重要的需求升级，进行相应的供给侧服务转变。

第一，顺应从技术服务需求到主营业务服务需求的转变，加强商务云建设。云不是目的，通过云实现端的轻资产多样化，才能实现结构优化。在分享经济中实现商务 APP 的大发展，具有特殊重要意义。国外有一个新词，叫客户接近部门，意思是在企业的诸多部门中，与客户直接打交道的部门，将成为利润中心。因为这些部门更接近需求这个利润之源。APP 可以视为整个分享经济价值链条中客户接近部门，抓住了它，才能把握供给侧结构调整的方向，才能抓住结构调整的主动权。在分享经济和“互联网+”背景下，用户希望通过云计算分享的资源，从以技术资源为重点，向以主营业务资源为重点转变。这是用户需求上发生的意义深远的一大转变。以往的云服务建设把过多精力放在技术云上，对初期发展来说是必要的，但总是停留在技术云阶段，就难以抓住“互联网+”条件下的新机遇。这种新机遇的特点就是商务本身成为云服务的主导需求。从技术云转型升级为商务云，在商务云中探索如何能更好地实现面向市场多样性增值的客户接近，是移动运营商调整供给侧服务的大方向。供给侧要避免一个误区，即客户接近一定是由运营商自己来做。恰恰相反，互联网的经验表明，客户接近是一个高风险领域，运营商如果只看到高收益，而忽略了高风险，就会跌跟头。合理做法是将客户接近工作，开放给企业外边的 APP 们去做，运营商在背后做支撑服务，而打造支撑 APP 的工具才是运营商的正事。

第二，抓住从应用服务需求到支撑服务需求的转变，打造世界级云平台。需求背景上的另一个变化不那么一目了然，但更加关键。这就是由用户增值需求的旺盛而产生的对支撑服务需求的增长，它导致一些巨型平台的诞生。云服务商来到了做大还是做小的历史分水岭面前。我们注意到一个数字，过去的一年，移动互联网营销迅速发展，微信营销推广使用率达 75.3%。在开展过互联网营销的企业中，35.5%通过移动互联网进行了营销推广，其中有 21.9%的企业使用过付费推广。移动营销企业中建设移动官网的比例为 52.7%，企业迫切需要将电脑端网页进行优化、适配到移动端。这说明，各行各业对“互联网+”的旺盛需求正在高速增长，而电信运营商供给侧对此缺乏响应，正在坐失良机，眼睁睁看着比运营商市值还多的雪白银子哗哗流走，最后都流到市场上“小男生”、“小女生”的腰包里。运营商再这样下去就会“败家”。无论移动运营商想做普遍服务还是商业竞争，如果不能接近客户，贴近需求，产能就只能过剩，供给就只能不足，而且出现产能过剩下的供给不足。分享经济是在救移动运营商的命，移动运营商要想抓住机会，就需要供给侧的互联网思维。具体地说，就是要发挥普遍服务作用来加强商业竞争，具体建议是那些从事商业竞争的部门，要把普遍服务功能重新纳入帐下，为客户接近部门的 APP 有效供给“鸣锣开道”。

第三节　贵州发展大数据的宏观政策建议

一、推动调整企业信息化的思路，实现基础业务、核心资源软件化

多年来的企业信息化取得了很大成绩。要进一步取得效益，要以顾客为中心，围绕企业战略、企业资本这些核心做文章，而不要陷入自我服务难以自拔。企业信息化搞了大量软件，但多用于自我服务，没有把资本本身软件化，因此没有在商业的驱动力（发动机）上实现信息化。这种现状需要改变。

具体到资本（生产资料，包括核心业务资源）来说，第一步应是实现功能替代，即把实体能实现的功能，尽最大可能用软件来实现。例如同是售书，用实体书店、柜台可以卖书，采用软件形式也可以卖书，就应把图书大厦的功能，转化为网络形式加以实现。不这样做，就不可能像阿里那样“复制资本”，就不可能实质性地具备用知识资产替代实体资产的基础条件。

与传统软件业思路（卖软件）不同，将资本转化为软件形式，应采取软件服务（以租代买）的模式来做。具体来说，就是把软件化的核心资源变为互联网上应用的基础设施（I）、平台（P）、工具（S），将云计算从一种技术（人与自然关系）转化为商业（人与人的关系），具体来说就是云服务，也就是 I、P、S 本身开放分享不收费（不买卖），而按服务（使用，甚至使用效果）付费。为此要借“互联网+”的东风，大力推进针对各行各业主营业务的 IaaS、PaaS、SaaS、DaaS……XaaS。

中国数字经济只有在资本实现数字化条件下才能实现。建议贵州在国家支持下，会同国资委、信产部主动推动全国企业信息化（包括央企信息化、行业信息化）从为实体资本实现价值提供技术工具的定位，向资本本身实现数字化自我繁衍功能（从而在功能上实现共享发展）方向转变。目标是使中国的资本第一次在功能上实现共享发展功能，从而为实现社会主义的制度优越性提供根本的经济基础。

二、将大数据平台建设成为全国“双创”示范基地

以“大众创业、万众创新”为推手，以资本信息化为依托，以服务平台为支撑，以大数据工具为突破，以市场创新为重点，以产权开放创新为保障，以组织变革为引领，大力推进贵州成为全国“双创”示范基地。

建议明确以下七个方面的思路：

第一，抓住以创业创新作为推手。李克强总理提出，“大众创业、万

众创新，是发展分享经济的重要推手”。要抓住这一推手，着力点应是抓住向大众分享生产资料这一契机，推动全民轻资产运作，借助草根创业、创新，把盘子做大。这要求企业突破资本专用性束缚，开门办企业，调动企业之外的APP力量，风险共担，收益共赢。这实际上相当于在企业内部模拟出一个纳斯达克机制，其客观效果是将带动“大众创业、万众创新”的发展。因此，企业要把“大众创业、万众创新”当作自己的事，内生进企业战略，在开放共享中实现分享经济。

第二，建立可分享基础设施依托。发展信息化基础设施、智能化技术、云平台、大数据、泛在网络、软件定义的系统等，为资源分享提供技术依托；要把建设分享经济的商业基础设施作为重中之重。商业基础设施是分享经济的重资产建设，商业基础设施强，才能为分享资源的轻资产运作的增值服务主体有效提供、分摊固定成本。

第三，强化支撑服务平台建设。要以支撑服务平台为分享资源的基础服务主体，发挥平台支撑下的生产性服务业、制造服务化的国际竞争优势。服务平台建设将成为下一代移动互联网的必争高地，中国具有相对的竞争优势，要在这方面争取国际一流的成绩。

第四，突破基础的自主技术瓶颈。应通过自主研发、并购，以支撑行业发展的可分享服务平台、可分享开发工具等重型知识资产为突破口，建立面向市场的知识分享竞争优势。

第五，结合市场优势鼓励服务创新。应以商业模式创新为重点，鼓励基础业务与增值业务结合，免费与收费结合，着力于发挥市场优势与社会网络作用的市场创新与服务创新。技术创新也非常重要，要在这方面缩短与国际前沿的距离，但要分清主次，坚持自身优势方面的创新，以突出中国的特长。

第六，以两权分离产权创新为保障。在总结实践基础上，大力推进以支配权与使用权两权分离为核心特征的分享经济产权创新；围绕创新驱动，大力推进适应高风险高收益条件的面向效果的租赁模式发展，在“互联网+”条件下有效化解创新风险，实现资产保值增值。

第七，推进适应分享经济的组织变革。鼓励互联网技术条件下，端到端、扁平化、自组织、自协调的社会网络和商业生态系统建设，以组织变革引领未来。企业应突出社会责任、生态责任，成为共享共治的有效主体。

三、加快实现新动能与内需结合起来

利用大数据作为高级生产要素（数字资本），为数字经济提供新动能；利用一次分配刺激本国市场主体内需，为大数据发展提供有效需求。为使二者有机结合，建议采取五个方面的措施：

第一，要树立高远的目标，力争建设具有国际一流水平的大数据分享经济平台及生态圈。要汲取欧洲发展移动互联网（没有平台、弱化平台）的教训，坚决克服互联网发展上的小生产意识（例如把做大做强做优当作寡头来反对），理直气壮地支持发展富可敌国的大平台。所谓国际一流，意味着一个平台的市值，至少应达到中等发达国家一国的 GDP。贵州要采取特殊政策，在反垄断、数据法等方面，给大企业吃定心丸。

第二，引导平台企业（包括国有企业、运营商、行业龙头等）在分享经济基础上，以提高知识资产占比、推动生产资料共享、支持“大众创业、万众创新”、分散经营风险为切入点，实现普遍服务与商业服务的结合，在高风险高收益条件下实现保值增值。移动运营商发展分享经济要有战略气魄，不仅要把文章作在实体闲置资源分享上，更要在非排他使用、非闲置的知识资产分享上进行重大创新，走出一条先富与共富互补的战略新路。为此，建议贵州将提供给中小企业的优惠政策，落实到有带动力的大企业，让他们定向为中小企业提供重资本分享服务，使之不必再将宝贵资金用于购置重资产，真正实现轻资产运作。

第三，引导与鼓励生产性支撑服务业长足发展。在发展分享经济的路径选择上，协同消费虽然潜力无穷，但生产性支撑服务业的机会更加巨大。贵州大数据应用要有所为，有所不为，抓大放小，在重化服务业上多做文章。

第四，大力推进“互联网+”新业态，促进贵州互联网与传统产业结合。贵州电信运营商具有长期介入行业信息化的经验和基础，可以从信息化和“互联网+”角度全面推进分享经济事业。这意味着可以针对传统产业普遍缺乏增值业务业态的特点，在“互联网+”中，共同培育各行各业新业态的发育，移动运营商也可以借势从赚取行业技术投入的小钱，转向从行业主营业务增值收入分成中赚取大钱的思路跃升，实现自身的结构优化升级。

第五，积极开展分享经济的试点试验。分享经济（就其利用闲置资源来说）虽然是有上千年历史的老事物，但对于利用互联网优势分享非排他性使用的资源来说，还是一个新事物，无论是移动运营商还是互联网企业，都需要不断进行创新探索。试验就会有成有败，有得有失，但不试不可能知道什么样的做法有效。可以借鉴中国农村改革的试点试验经验。在平台与双创增值应用结合上，要吸取农村改革中在合同履行方面的经验教训，考虑在平台—应用双层经营之上，搭建社会协调机制，成为统分双方的公正载判。

四、以企业为主体，打造用户赋能的商业生态

在整体思路中，“利用别国的高级生产要素”与“利用本国市场”都是相对于全球化而言的，对本国而言，核心是促进高质量发展。上述逻辑就转化为充分利用市场需求引导生产要素升级。其中，对贵州来说是资源整合，要把贴近需求作为核心竞争力，将诸多高级生产要素整合在贵州。

在打基础阶段，贵州在整合资源、利用高级生产要素方面取得了突出成就，主要表现在两个方面，一是对高端信息技术产业资源的引入；二是对高端国外大数据厂商资源的引入。但这些资源从整体看，更多是投入的资源，而非产出的资源，在谋飞跃的阶段，建议贵州更多整合可以带来效益产出的资源。

在贵州大数据谋飞跃的阶段，靠政府规划、外商捧场，作用有，但很有限，关键在市场和企业。目前贵州大数据的资源中，缺了两块，即市场高端资源与企业高端资源。要形成政府、外商、市场、企业四种资源。这里说的高端，都特指用户。不是说有这些资源的企业没有进入贵州，而是说这些资源还没有转化为贵州的核心竞争力，即像磁石一样吸引大数据高级生产要素转化出效益的需求，缺的是对各行各业主营业务数据需求的整合。这种整合本身才是贵州要形成的别人带不走的最关键的“高级生产要素”。

第四节　贵州大数据与实体经济深度融合政策建议

一、贵州大数据与实体经济融合的经验与建议

贵州自从 2014 年实施大数据战略以来，积极推动大数据与实体经济相融合。几年来，贵州省大数据与实体经济虽然还处在融合初期，但却取得了一系列初步成效，不仅催生了一个全新的大数据产业，还在一定程度上促进了实体经济的转型升级，提升了社会治理能力，改善了公共服务质量。贵州地处西部内陆、经济社会发展相对滞后，而大数据发展

战略既符合未来产业发展方向，也可以以点带面驱动传统经济转型。大数据与实体经济融合助力贵州取得先发优势，实现“弯道超车”。贵州在推动大数据与实体经济相融合的过程中，收获了很多宝贵经验，值得在全国范围内借鉴学习。此外，贵州在探索融合的过程中也存在一些问题，应该引起思考，采取有效的改进措施。

（一）贵州大数据与实体经济深度融合的基本现状

（1）大数据产业生态链布局基本完成。经过几年的努力，贵州大数据基础设施建设逐步完善，国内外知名相关企业纷纷落户，以核心业态、关联业态、衍生业态构成的大数据产业生态规划基本完成。大数据产业从无到有开始高速发展，截至目前，贵州省的大数据企业达到 8900 多家，大数据产业规模总量超过 1600 亿元。2017 年，贵州以大数据为引领的电子信息制造业增加值增长 86.3%，成为工业经济的一匹黑马。

（2）大数据产业成为经济发展新动能。2016 年以来，贵州开展“千企改造”、“万企融合”工程，通过树立试点和示范及标杆企业，推动大数据与实体经济的融合。截至目前，已经有 1210 家传统企业实施了大数据初步改造。大数据与实体经济融合发展的效果初步显现，大数据不仅推动传统产业提质增效，还培育出一批新的增长点，涌现出一批创新成果和独角兽企业。从 2014 年起，贵州 GDP 增速都保持在 10%以上，连续位居全国前三，领跑全国 GDP 增速。在 2018 年一季度公布的 GDP 排名中，贵州省以 10.1%的增速位居全国之首。

（3）大数据提升社会治理和公共服务水平。贵州首先将大数据用于提高政府决策、治理和服务能力上。2014 年，贵州省建设了“云上贵州”系统平台。政府信息在云平台上共享，居民足不出户就可以办理医疗社保、社会信用、公安执法等方面的事项。云平台的注册用户数已经达到 630 万人，加载 335 个系统应用，47 个政务部门部分信息应用系统在上面运行。通过云平台办事，行政审批周期提速 75%，220 种事项在 1 个工作日内就可以审批完成。

贵州还将大数据与公共服务紧密融合，将大数据广泛应用于扶贫、教育、医疗等领域。在医疗领域，2017 年底，贵州省市县乡四级公立医疗机构已经远程联通，可以共享优质医疗资源，1500 多家乡镇卫生院及社区卫生服务中心实现远程医疗全覆盖，解决了偏远山区群众看病难的问题。全省通过远程医疗会诊，已经为 5 万例病人实现了远程影像诊断。在扶贫领域，贵州建设的"精准扶贫云"，就是将大数据与精准扶贫工作紧密融合的创新成果。"精准扶贫云"还链接了扶贫、公安、教育、医疗、交通等 17 个部门和单位数据，实现贫困户在线识别、精准扶贫和考核评价。

（二）贵州大数据与实体经济融合的相关经验

贵阳在推动大数据与实体经济相融合的过程中，在融合机制、模式和路径上进行了开创式创新，做了一系列有益探索，取得了一些宝贵经验，值得全国各地借鉴。

（1）融合机制创新。贵阳在推动大数据与实体经济相融合的过程中，在体制机制上进行创新，做了一系列有益探索。一是坚持顶层设计和布局，提高大数据战略的推进效率，贵州是国内首个将大数据作为省级发展战略的省份。二是为了充分整合和利用资源，避免重复建设和信息孤岛，提高大数据发展效率，贵州省政府对大数据战略采取了"五统一"，包括统一思想，统一思路，统一规划和布局，组建了统一的领导机构，建设统一的大平台。三是坚持政府推动和市场主导相结合的原则，贵州省政府创新政府服务模式，精准把握大数据市场的脉搏和企业的需求，通过建设基础设施、建立规则、强化监管、科学引导，促进产业自身的良性发展。通过开展"千企引进"、"千企改造"、"万企融合"三大试点示范工程，引领整个地区的大数据与实体经济融合方向。

（2）形成一套融合初期的发展模式。尽管还处在发展初期，但是贵州省经过四年多的探索和实践，已经逐步摸索出一套适合自身的大数据与实体经济融合的发展之路，形成独具特色的“政策+地方资源+应用+创新”四位一体的贵州大数据发展模式。这个模式包括四个方面的内容：以政策、标准和规范建设作为保障，以地方优势资源为突破口，以应用作为工作抓手，以创新作为发展的驱动力。四方面内容共同作用，多个角度形成合力，协调推动贵州大数据与实体经济的融合进程。

（3）探索出大数据与实体经济的融合路径。贵州在大数据与实体经济融合的路径上，主要是选择了采纳技术融合、产品融合、业务融合和产业融合四个方向。大数据与其他领域的技术融合，催生出更多的产业技术创新，驱动产业向前发展；大数据与各行业的产品融合，驱动贵州企业进行供给侧改革，以消费者为导向进行个性化定制和以需定产，推动“黔货出山”；大数据技术应用到企业的研发、生产、营销、服务等的各个环节，重塑原有的业务流程，变革组织结构，推动企业提质增效；大数据与实体经济融合，还会催生出新的业态，新的产品和新的模式，抢占蓝海，增加竞争力，提高服务用户需求的能力。

（三）贵州大数据与实体经济融合存在的问题

尽管贵州在大数据与实体经济融合的探索中取得了初步成效，但总体上还存在产业基础薄弱，规模及总量小，数据开放共享不够，信息基础设施建设相对滞后，缺少数据安全、交易、监督、标准和管理等规则制度，人才匮乏等问题。

（1）贵州大数据与实体经济融合尚处于起步阶段。贵州大数据与实体经济融合还处在起步期。与自身发展相比，大数据与实体经济融合占比低，应用程度不高。根据《贵州省大数据深度融合发展研究报告》[①]，2017年，贵州省实现大数据与重点业务环节全面融合的企业比例只有20.2%，

① 贵州省大数据发展管理局国家工业信息安全发展研究中心，《贵州省大数据与实体经济深度融合综合评估报告》。

94.6%的企业仍处于融合的初级或者中级阶段。与全国水平相比，贵州省的大数据融合也处于相对落后位置。贵州大数据与实体经济融合发展水平为33.81[①]，发展水平位于全国第三梯队。贵州重点行业数字化研发工具普及率、关键工序数控化率分别比全国平均水平低14.5个百分点、12.8个百分点。民生与大数据的融合指数在全国仅排第二十七位。企业大数据融合步履维艰的主要原因有三点，一是传统企业观念滞后，对于大数据融合的意义认识不清；二是融合工作受到企业缺少改造的资金和人才制约；三是融合工作缺少可以学习和借鉴的标杆性企业。

（2）大数据发展水平还有追赶空间，行业缺少龙头企业。贵州具备大数据产业的自然环境和政策优势，但是与北京、广东、浙江等先进地区相比，贵州省大数据产业发展还处在起步阶段，还有广阔的发展空间。根据《大数据蓝皮书：中国大数据发展报告No.2》，贵州得分40.24分，在31个省域大数据发展指数排名中名列第七，与排名第一的广东相差36.05分。根据《中国大数据产业发展评估报告（2018年）》，贵州大数据发展水平38.35分，比排名第一的北京低24.76分。

此外，贵州省大数据产业还缺少标杆性的领军企业，难以在全国范围内形成影响力，难以引领产业生态发展及产生较强的聚集效应，难以吸引和留住高层次互联网人才。此外，贵州省还缺少一大批在数据存储、数据库研发、数据挖掘与分析等领域创新型的中小企业，缺少金融、科研等大量大数据配套服务支撑企业。根据《2016中国大数据企业排行榜》，贵州大数据企业数量只有9家，与排名第一的北京市的276家企业相距甚远。

（3）缺乏大数据产业发展的相关人才。大数据专业人才匮乏是阻碍大

---

① 贵州省大数据发展管理局国家工业信息安全发展研究中心，《贵州省大数据与实体经济深度融合综合评估报告》。

数据与实体经济融合的重要因素之一。一方面，大数据产业急需一批专业的研发人员，包括数据挖掘、统计分析、人工智能、数据安全等专业的技术人才。另一方面，大数据与实体经济融合需要既懂大数据又懂实体经济运营的跨界高端的管理人才，根据统计，贵州共有 111 家促进大数据与实体经济融合的“服务队”，但是其中只有 33 家在贵州有服务支撑团队。究其原因，全国大数据人才都处在极其匮乏的状态，本土的人才培养暂时还不能满足大数据市场需求；而在吸引外来人才方面，贵州又缺乏一线城市的吸引力。

（4）大数据标准、法律法规及规范滞后。发展大数据，前提条件是必须推动海量数据的开放、自由流动、公平交易和安全保护。而且这种流动，还不仅仅局限于在贵州省境内。目前，我国整体上缺乏大数据相关标准、规范，法律法规仍然滞后，相关的支撑环境还不完善。例如，要解决信息孤岛问题，必然要开放数据，但是企业商业信息和政府政务信息安全如何保证？个人隐私信息泄露如何防范？这些都是需要解决的关键问题。既然涉及数据交易，那就必然要回答数据产权的归属问题，哪些数据可以开放？如何开放？等等。这些都是大数据与实体经济融合发展需要迫切解决的问题。

（四）贵州大数据与实体经济融合的对策措施

大数据与实体经济融合是贵州省在信息社会实现跨越式发展的战略性任务。结合贵州省大数据与实体经济融合收获的经验和面临的问题，未来贵州还应继续完善大数据发展的生态系统；完善法律法规，保护数据安全和个人隐私；建设大数据与信息经济人才基地，夯实发展基础；加大创新力度，培育新业态和新动能。

（1）完善法律法规，保护数据安全和个人隐私。大数据产业健康发展必须以标准、法律、行业规范的建设和完善作为基本前提。因此，在数据安全方面，必须尽早推出有关数据运营和安全方面的基础性法律与规范，尤其是要尽早出台《个人信息保护法》。加强网络安全体系建设，加快数据安全技术研发，加大对侵害数据安全行为的打击力度。企业和政府部门着力整合数据资源，加强数据的安全和知识产权管理，建立、健全数据资源管理的标准和规范。

（2）建设大数据与信息经济人才基地，夯实发展基础。人才是大数据发展最稀缺的资源，为了解决贵州省大数据人才短缺问题，应在多个方面共同努力。一是建立政府主导，高校和企业配合，建设产学研“三位一体”的大数据专业人才培养基地和实训基地。二是鼓励当地有条件的高等院校设立大数据相关专业，并与企业和科研院所建立合作培养的机制，形成“产学研用”一体的大数据科研团队。三是优化政策，提高待遇，完善人才引进机制，吸引高端人才到企业或者科研院所工作，充分发挥领军人物的作用。四是加大培训力度，参观和调研样板单位，学习先进经验，充分发挥本土人才的成长潜力。

（3）促进应用和深入融合，推动传统企业转型升级。贵州省大数据与实体经济的融合已经初见成效，促进了一部分先行的传统企业转型升级。针对融合中出现的问题，建议贵州省加大力度实施大数据战略，继续推动大数据与实体经济的融合的广度和深度。一是发动媒体的力量，继续宣传大数据等现代信息技术驱动经济增长和社会发展的理论和实践案例，牢固树立大数据理念和思维。二是在机制上继续破除障碍，深入推进国家大数据综合试验区建设，找到难点和痛点问题，进行有针对性的解决。三是继续深化“千企改造”、“万企融合”工程，培育各种类型的先进典型，进行总结和推广。

（4）继续培育市场和市场主体，推动大数据产业快速发展。推动大数据产业健康快速发展，增强贵州省大数据产业的竞争实力。第一，支持“产学研”合作开展大数据科学研究，继续鼓励技术创新、模式创新、产品和服务创新、业态创新，对有重大贡献的创新成果给予奖励并树为典型。第二，继续增加大数据企业的种类和数量，培育健康的大数据产业生态，发挥大数据试验区的作用，一方面继续吸引知名大数据龙头企业落户贵州，另一方面鼓励本土创新型企业快速成长。第三，加大力度培育大数据产业市场主体，深入调查企业的需求，创新机制体制，出台有针对性的扶持政策。第四，鼓励数据的共享，多维度探索大数据交流、交易的机制和模式，鼓励数据交流、服务和交易平台的建设和运行。第五，鼓励大数据产业园区和孵化器的建设，加大招商力度，促进形成良好的大数据协同创新环境。第六，通过资金投向，引导产业创新并快速发展，继续增加财政资金扶持力度，完善社会资金的投融资体系，在税收和用地保障等方面加大扶持力度。

（5）继续推动大数据与实体经济的融合，引导其向广度和深度发展。推动大数据与实体经济的融合的广度和深度。第一，以政务和民生领域与大数据的融合为突破口，引导有关企业加快创新，继续在政府办事、医疗、教育、交通旅游等领域做实做深，让公众切身体验到大数据给经济、社会和生活带来的变化，为融合形成良好的舆论环境。第二，扩大典型案例和试点示范项目培育范围，分析和总结其特点和经验，加大媒体宣传力度，引导其他企业在生产和经营的各个环节加快与大数据融合的步伐。第三，围绕贵州产业特色，在营销、生产、供应链管理等环节开展大数据融合创新，带动企业提质增效，催生新服务、新业态、新模式。第四，推进大数据与“三农”的融合，推动大数据在农产品交易、溯源、扶贫方面的应用，创新业态，提升农民返乡创业热情。

二、大数据与实体经济深度融合基础环境建设

围绕创造融合环境、夯实融合基础、增强融合动力、探索融合机制四方面提出大数据与实体经济深度融合的政策建议：

（一）融合环境建设

（1）政策环境。应围绕贯彻落实党的十九大精神和中央经济会议部署，以推动我国经济实现高质量发展为主要目标，充分发挥我国目前在大数据领域的领先优势，加快编制推动大数据和实体经济融合发展的政策文件，率先推出大数据与实体经济深度融合的“中国方案”。应加大大数据发展意见和方案的政策密度，发挥政府在大数据与实体经济深度融合过程中的引导作用，降低企业成本，鼓励企业创新，促进政策红利转化为企业红利。应加快数据开放进程，优化数据交易环节，推动数据流通，以丰富数据资源推动大数据与实体经济深度融合。

（2）科研环境。应结合大数据的产业特征和技术趋势，设立专门的大数据与实体经济深度融合研究院，鼓励交叉机构之间开展合作交流，以竞争与合作兼容的方式汇聚研发能量，攻关融合中出现的重点和难点问题。应加快科研合作平台建设，通过政府搭台组织推动大型企业联合研发，鼓励大数据企业在战略、技术、标准、市场等方面展开沟通协作，以强强联合实现大数据关键技术突破和技术生态形成。应加强和改善科研人员工作和生活环境，提高大数据技术相关科研人员待遇，结合信息技术的科研特点和规律制订相关科研管理规定，赋予科研人员更大的自主权限，鼓励核心项目实现“揭榜挂帅”。

（3）创新环境。大数据与实体经济深度融合是一个正在探索的过程，存在一定的不确定性和风险。应加强营造崇尚创新、宽容失败的环境，培植大数据发展的创新文化，激发创新热情，形成鼓励创新的社会氛围。企业是创新的主体，应深化科技体制机制改革，增强各类企业的创新活力和创新动能，对大数据企业在政策、资金、项目等方面予以倾斜，让大数据企业轻装出行聚力创新。应充分发挥贵州现有的各类大数据平台优势，聚集与整合不同数据资源，产生关联和融合效应，推动大数据应用走向深入，催生更多的新技术、新产业、新业态、新模式。应加大大数据相关产品的支持力度，加强知识产品保护强度，在政府采购上，优先购买具有自主知识产权的产品，让大数据创新成果得到市场响应。

（4）人才环境。科技的竞争是人才的竞争，人才的竞争是环境的竞争。应探索大数据人才的培养模式，把贵州大数据综合试验区建设成一流人才载体平台，为不同领域、不同层次人才提供针对性服务，集聚和培养一流大数据人才。应创造人才有为有位的工作平台，在管理、评价、岗位等方面充分给予人才照顾，推动不同层次大数据人才与产业相容、与企业互动、与项目对接，让人才的专业能力得以发挥。应充分解决人才的后顾之忧，关心关爱大数据人才的实际生活情况，在落户、住房、医疗、子女入学等实际问题上实现快速解决，让科研人员真正做到集中精力做科研。应积极聘请海外高层次人才，海外拥有信息技术领域的顶级人才，应高薪吸引海外高层次人才，积极聘请海外退休专家和技术人员，组成海外专家顾问团队参与项目研究和培训交流。

（二）融合基础设施建设

（1）硬件基础。大数据与实体经济的深度融合离不开宽带、基站、新一代信息网络等硬件基础设施。应加快推进“宽带中国”战略，提高网络普遍服务水平，加速推进5G产业布局和商业化进程，催化大数据红利释放，加快推进部署IPv6，提升大数据应用广度和深度。大数据与实体经济的深度融合离不开数据中心的支撑，应加快大数据交易中心、备份中心、呼叫中心和大数据服务示范工程建设，促进大数据中心的合力布局和健康发展，构建国家大数据中心体系支撑融合进程。

（2）软件基础。软件基础区别于硬件基础，主要包括法律、文化、规划等多方面软性因素，是保障大数据与实体经济快速、有效融合的非物质条件。贵州应加快完善制订规划、法律、配套措施等多维举措，为推进融合创造一个良好的外部环境。应加强融合理论研究。大数据与实体经济深度融合是一个不断摸索的过程，在进行广泛实践的同时，应该充分研究新技术产业融合的特征和规律，分析国际融合经验、产业案例，应及时归纳总结新的融合模式、路径和经验。

（3）产业基础。应充分利用贵州大数据产业基础，推进国家企业大数据启动应用工程，鼓励企业在智慧城市建设、智能制造、“互联网+”、电子商务等领域积极开展大数据应用。应加快推动工业可信数据空间建设，聚合不同类型工业数据，充分发挥我国在互联网应用、智能终端、超算等领域的比较优势，带动产业链上下游技术创新，奠定大数据与实体经济深度融合的产业生态。加快大数据融合产业园建设，积极引进信息科技巨头企业，打造形成大数据产业完整链条，积极引进具有潜力的初创公司，以培养一批产业细分领域“独角兽”为直接目标，积极开展试点融合项目，鼓励不同类型应用大数据产品和服务。

（4）技术基础。在工业技术和互联网技术方面，我国核心技术都受制于人，而目前在大数据技术方面，我国与发达国家处于同一起跑线，相互之间差距并不大。贵州应充分利用大数据发展形成的先发优势，加强数据理论、核心算法、数据分析、可视化技术、数据平台等大数据技术的研究工作，初步形成数据源—数据加工—数据应用的生态体系。应设立大数据应用专项基金，以贵州省为试点，重点在政府办公、城市建设、民用经济领域（包括国有企业、民营企业及部门行业应用领域）推进大数据产品试用工程，在实践中检验大数据与实体经济的融合效果。

（三）融合动力建设

（1）市场动力。市场需求是推动大数据与实体经济深度融合的根本动力。伴随移动互联网的崛起和物联网应用的日益扩大，使得数据规模极速扩大，以往积淀的数据资源也得到“唤醒”机遇，各行各业对数据处理和数据分析的需求不断增加。应加快完善市场驱动机制，通过设立大数据产业创业投资基金、鼓励金融机构提供信贷支持、吸引风险投资等金融手段，通过优化招商引资服务、实施税收优惠奖励政策等招商手段，吸引大数据产业链的上下游配套企业入驻贵州大数据中心。应发挥好土地、人才、税收、科技等政策在大数据与实体经济深度融合中的激励作用，对实体经济企业实行差异化资源要素配置，优先考虑融合价值高、应用范围广、可复制性强的融合方案，注重融合项目的市场前景、商业模式和盈利空间。

（2）技术动力。技术驱动是推动大数据与实体经济深度融合的直接动力。信息技术每十五年左右就会发生一次重大突破，应充分抓住这次技术迭代浪潮，把握大数据革命的全球性机遇。贵州应抢夺大数据技术领域的话语权，充分发挥技术动力推动大数据与实体经济深度融合，打造长线研发模式，大力支持我国著名 IT 企业、重点院校、大型信息技术研究机构强强联合，搭建合作平台，建立“从研发到应用、从应用到创新”的长效机制，为我国大数据产业发展提供原始创新、标准和人才。推动大数据企业与工业企业联合，加速工业信息高速公路和工业数据空间建设，集中精力研发面向工业的大数据应用。应重点针对当前和未来互联网发展与应用面临的挑战，研究新一代互联网体系结构和基本协议，特别是未来 15~20 年全球信息技术发展的技术路线，力争在目前已具备优势的 IPv6 标准体系、5G 通信技术等领域赢得话语权。

（3）变革动力。信息技术推动当今世界的产业变革、企业变革和管理变革，应充分利用变革动力促进大数据与实体经济深度融合。应顺应产业变革趋势，推动大数据技术与制造、能源、材料、金融、环保等传统产业融合，以大数据引领产业发展。应抓住企业变革机遇，鼓励和引导不同类型实体经济企业亲密拥抱大数据技术，通过大数据技术进行研发设计、生产管理、客户分析和市场预测，提高企业运营效率、商业价值和业务空间，推动我国企业数字化转型。应把握管理变革方向，抓住管理科学从工业时代向互联网时代的范式转移，充分运用大数据提高管理中的分析和处理数据的能力，形成管理 3.0 的中国范式。

（4）资本动力。大数据产业拥有技术含量高、产品附加值高、自主创新率高的特点，其广阔市场前景吸引了大量资金涌入。应积极发挥资本动力，让大数据产业与金融资本充分结合，积极引导资金进入大数据与实体经济深度融合领域。应打造优质投资平台，帮助有潜力的融合项目，创新金融服务，让融合进程得到资金的有效支持。要善于利用风险投资，借鉴极客公园、创客空间等新型孵化模式，打造一批便利化、专业化、开放化的大数据创业者社区，充分调动社会资源，培育一批对大数据与实体经济深度融合充满激情的创新创业者。

（四）融合机制建设

（1）推进机制。应加强顶层设计，从宏观上把握大数据与实体经济深度融合方向，充分掌握了解融合规律和趋势，运用好政府和市场两种手段，科学制定融合行动方案。应以项目引领带动为推进思路，以破解实际难题为推进导向，以典型示范为推进效果，集中资源打造一批融合效果明显、带动作用强劲、标杆意义彰显的项目、企业、园区，稳步推进融合落地见效。应进一步完善大数据融合相关领导小组的统筹协调作用和各方积极作用，强化领导任期责任目标制度，加强监督、检查、考核评价体系建设，形成强力有效的深度融合的推动机制。

（2）协调机制。应搭建大数据企业与实体经济企业的交流平台，以举办行业对接洽谈会、学术研讨会、产业融合论坛等多种形式，建立双方在技术、产品、运营等多方面的信息沟通机制，实现大数据企业与实体经济企业的良性交互。应完善大数据与实体经济深度融合的管理机制，妥善处理企业在融合过程中遇到的政策、行政管理冲突，及时解决企业面临的生产运营困难。应明确推进融合进程的各行业管理主体，发挥好各行业主管部门在推动大数据与实体经济深度融合过程中的引导作用和管理作用，要求主观部门严格落实主体责任。

（3）共享机制。应加快建立数据开放共享机制，推动政府、企业、研究机构等不同机构间的数据交易流通，加强数据资源管理，统筹整合不同来源的数据，充分利用融合共享的数据提升政府治理能力、企业竞争力和公共服务能力。应加快不同类型数据标准体系建设，逐步推进采集、存储、流通、交易、保密等不同环节数据管理标准的制定和实施，为大数据与实体经济深度融合做好标准支持。加快大数据企业与实体经济企业的技术和数据对接工作，加快实体经济企业对大数据企业的数据开放步伐，积极拓展大数据应用范围，探索共享互利发展模式。

（4）保障机制。应加快大数据与实体经济深度融合的保障机制构建，保障大数据与实体经济深度融合的顺利推进。应推动数据保障机制建立，由政府部门适时统一发布大数据企业所需要的数据资源目录，引导企业收集、整理相关数据，加快制订税务、城建、环保、社保等不同部门数据资源开放共享时间表，集中消除“数据烟囱”和信息孤岛，为深度融合提供有力保障。应强化金融保障机制，加快推进企业大数据征信体系，推进大数据与金融业整合发展，创新金融服务支撑大数据与实体经济深度融合。